プロサッカー選手をめざす子どもの親が知っておくべきこと

西部 謙司

日本実業出版社

はじめに――あのメッシですらプロになれなかったかもしれない厳しい世界

もし、わが子が「プロサッカー選手になりたい」と本気で言い出したときに、親はどうすべきなのか――。


それが、この本のメインテーマになります。

私は30年ほどプロサッカーの取材をしてきましたが、一般論でいえばプロサッカー選手はあまりオススメできる仕事ではありません。

私が小学生のころ、元プロ野球選手が書いた本（「プロ野球選手になるには?」というようなタイトルだったと思います）を読んだ記憶があります。

その冒頭に「長嶋《ながしま》（茂雄《しげお》）、王《おう》（貞治《さだはる》）クラスの才能がない人はやめておきなさい」とハッキリ書かれていました。あまりにミもフタもないことを書くなあと当時は思いましたが、今はその著者がそのような書き方をした気持ちが少しわかります。

同年齢の選手の中でプロになれるのはおよそ１０００人に１人です。１０００人の１人というのは、かなり素晴らしい才能だと思います。

ところが、それだけの才能の持ち主でもプロとして成功できる人はさらに限られています。

何をもって成功とするかは難しいのですが、**Ｊ１のレギュラークラスとして活躍しないかぎり、サッカー選手として得られる収入はサラリーマンの生涯賃金を超えません。**それどころか、Ｊ２やＪ３のプロ選手の中には、一般的なサラリーマンの年収に届かないケースすら現実にあるのです。

いずれにしても、１０００人に１人の才能同士の競争になりますから、それは非常に熾烈なものがあります。さらに負傷のリスクもありますし、いつどうなるか先が見えない職業です。スポットライトが当たっている一部の選手の裏には、数多くの競争に敗れた１０００人に１人の才能たちが存在しているのです。

ですから、１０００人に１人ではなく１万人に１人、いや日本一あるいは世界一くらいの自負がないと足を踏み入れないほうがいい世界なのかもしれません。

成功した一流のプロ選手がいかに努力したか、強いメンタルの持ち主であったかなどが報道されています。彼らが自らの力で逆境を切り開き、成功を手にしたのは間違いありません。とはいえ、彼らのすべてが天才だったわけでもありません。

その陰で、同じくらい努力し、より才能に恵まれながら成功できなかった選手もたくさんいるわけです。

成功者の道すじだけを見れば「努力は報われる」「望めば叶う」と思ってしまいますが、彼らとの競争に敗れた人たちのほうがずっと多く、その人たちも大変な努力をしてきたのに、それについては報道されないので誰も気づかないだけなのです。

また、**「運」がかなり大事な要素です。**

成功者とそうでない人々を分けている要素の中でも、運はかなり強力であると感じます。しかし、運は人間にはどうすることもできないものでもあります。

例えば、現在世界最高のプロサッカー選手ともいわれるリオネル・メッシは、アルゼンチンのユースチームでは受け入れてもらえませんでした。

子どものときからメッシの天賦の才は誰が見ても明白でしたが、病気で身長が伸びないリスクがあったために、アルゼンチンのクラブは受け入れてくれなかったのです。幸いスペインのＦＣバルセロナというチームが治療費も負担してくれたので、メッシはプロへの道を歩むことができましたが、１つ間違えばスーパースターどころかプロ選手にすらなれなかったかもしれないのです。たまたまバルセロナが受け入れてくれましたが、それはメッシ自身にはどうすることもできないことでした。

もちろん、メッシに才能があるのはアルゼンチンのクラブもわかっていました。ただし、高額な治療費を払ってまで受け入れられる金銭的に余裕のあるクラブがなかっただけです。

諦めずにヨーロッパまでチャレンジに行ったのはメッシ側の判断ですが、受け入れられるかどうかはあくまでバルセロナ側の事情次第。これはもう「運がよかった」といっていいでしょう。

夢を持つのは良いことだと誰もが言いますが、プロサッカー選手になるとはどういうことなのか、その「現実」をまず知っていただきたいと思います。

ただ、プロになることの厳しさを子どもにストレートに伝える必要はありません。なぜなら、「プロになれない人」は中学生、高校生の年代で自然に決まるからです。

もはや草サッカーからスーパースターがひょっこりと生まれる時代ではありません。一部の国や地域を除けば、小学生年代や中学生年代の選手たちの情報は関係者に広く共有されています。ヨーロッパ、南米だけでなく、日本もそうなっています。

才能に関していえば、小学6年生の時点でおよその選別はされています。

この時点で「プロになれる人」はまだ決まりませんが、「なれない人」のほうはほぼ決まります。

プロとはどういう世界なのか、親はある程度の知識は持っていたほうがいいですが、小学生にそれを説明しても理解できないでしょうし、理解させる必要もないのです。子どもが夢を持ったのなら、そっと後押ししてあげればいいということです。

やがて、プロになれるかどうかは周囲が判定しますし、無理な場合は子ども自身が気づくからです。

親として知っておいたほうがいいのは、子どもに意欲と才能がある場合、どういうルートを通ってプロになるのかです。

プロへのルートは1つではありません。小学生年代、中学生年代、高校生年代でどういった選択があるのかを本書では説明しています。

実際にプロになった選手がどういう道すじを通っていったのか、日本代表選手と外国人選手の例をいくつか取り上げてみました。

日本代表選手が育った環境と現在では若干の違いはありますし、日本と外国でも育成システムに違いがありますが、実例として参考にしていただければと思います。

日本にも優秀な指導者はたくさんいますから、サッカーに関することは基本的にコーチや監督に任せることになります。

一方、**子どもに関してのスペシャリストは親**なのです。

親子の関わり方に正解はありません。あまり干渉しない親、過保護にも思える関わり方など、いろいろなケースがありますが、どれが正解ということはないようです。

ただし、一般論でいえば、自分の子どもだけでなくチームの仲間たちも含めて、成長を根気よく見守っていくタイプの親が多くのプロ選手を育てていくという傾向はあるようです。

もし、わが子が「プロサッカー選手になりたい」と本気で言い出したときに本書が役立てば、筆者としてこれほど嬉しいことはありません。

2018年11月

西部謙司

プロサッカー選手をめざす子どもの親が知っておくべきこと⚽もくじ

CHAPTER 3

プロサッカー選手になるための道すじ

CHAPTER 4

あの選手たちはどのようにプロサッカー選手になったのか（日本人選手編）

CHAPTER 5

あの選手たちはどのようにプロサッカー選手になったのか（外国人選手編）

企画・編集・装丁　神原博之（K.EDIT）
本文DTP　ダーツ

※文中のデータ等は2018年11月現在の情報に基づいています。
文中で活用している略語は次のとおりです（アルファベット順）。
DF…ディフェンダー
FC…フットボールクラブ
FW…フォワード
GK…ゴールキーパー
MF…ミッドフィールダー

CHAPTER 1

「プロサッカー選手」とは何か

ひと言で「プロサッカー選手」といってもさまざま

「プロサッカー選手」――。

この言葉を聞けば、多くの親御さんたちは日本代表選手やヨーロッパのリーグで活躍する選手をまず思い浮かべるかもしれません。

しかし、**実際には「プロ」といってもかなり幅がある**ことを知っておかなければなりません。

スペインのスポーツ新聞「マルカ」によると、2018年1月時点で最も年俸の高い選手はリオネル・メッシ（FCバルセロナ）で4600万ユーロ（1ユーロ＝130円換算で約59億8000万円）だそうです。

2位はカルロス・テベスの3800万ユーロ（約49億4000万円）。

テベスの年俸が、クリスティアーノ・ロナウド（ユベントス）やネイマール（パリ・サンジェルマン）より高いのは意外に思われるかもしれませんが、中国の上海申花《しゃんはいしんか》に所属していたので、ヨーロッパの水準より年俸が高めになっています。

このランキングが記事にされたときには、テベスはすでにアルゼンチンのボカ・ジュニアーズに移籍していましたが、中国のクラブは高額年俸を払ってヨーロッパでプレーしている有名選手を獲得しています。そのためにヨーロッパよりも年俸額が高めになっているのですね。

3位はネイマールですが、トップ10には中国のクラブに所属する選手が5人も入っています（テベス、オスカル、エセキエル・ラベッシ、フッキ、グラッツィアーノ・ペッレ）。ちなみに、クリスティアーノ・ロナウドは6位でした。

中国の年俸はヨーロッパの相場よりかなり高めなのは事実ですが、いずれにしても世界トップクラスともなれば1年で何十億円もの稼ぎがあります。

海外で活躍する日本人選手では、香川真司《かがわしんじ》（ボルシア・ドルトムント）、吉田麻也《よしだまや》（サウザンプトン）など、ヨーロッパのトップクラブでプレーしている日本人選手の年俸はおよそ1〜6億円のようです。

◉大卒サラリーマンの初任給より少ないケースも

では、Jリーグはどうでしょうか。

推定の数字になりますが、最高年俸はFCバルセロナからヴィッセル神戸に電撃移籍したアンドレス・イニエスタの32億5000万円！　まさに天文学的な数字だといえます。

続いてルーカス・ポドルスキ（ヴィッセル神戸）の6億4000万円。ジョー、ランゲラック（ともに名古屋グランパス）、レアンドロ（ヴィッセル神戸→東京ヴェルディ）と外国人選手が続き、日本人選手では遠藤保仁《えんどうやすひと》（ガンバ大阪）の1億4500万円が最高です。

年俸1億円超えは清武弘嗣《きよたけひろし》（セレッソ大阪）、今野泰幸《こんのやすゆき》（ガンバ大阪）、小林悠《こばやしゆう》、中村憲剛《なかむらけんご》、家長昭博《いえながあきひろ》（川崎フロンターレ）など、各クラブの中心選手が並びます。これらの選手のほとんどは30歳以上のベテランになります。

最初から高年俸で契約する選手はいません。契約を更新するごとに年俸がアップしていくのですが、新人選手の年俸に上限があるため、リーグで最高クラスの年俸を得るころにはだいたい30歳くらいになっているわけですね。

Ｊ1の選手平均年齢は26・7歳（Jリーグ公式サイト2017年2月時点）、平均年俸は推定2661万円です。

プロサッカー選手を目指すために

01

プロといっても収入面で大きな差がある

クラブにもよりますが、レギュラークラスでだいたい3000万〜5000万円程度でしょうか。最も安いのは契約したばかりの若手で300万円です。Jリーグの規約で最初のプロ契約では年俸に上限が定められています（480万円）。

年収300万円はサラリーマンの20歳台前半の平均年収とほとんど変わりません。ただし、レギュラーポジションを獲得すると一気に上がります。

ところが、同じプロでもJ2となると状況は大きく変わります。J2の平均年俸は約400万円といわれています。

さらにJ3となると、プロ契約自体が少ないのですが、良くて300万円程度とみられています。

つまり、プロ選手でも大卒サラリーマンの初任給よりも少ないことになります。

このようにプロサッカー選手といっても、世界的なスターのように何十億円もの年俸を稼ぐ人もいれば、300万円以下の選手もいるわけです。

1000人に1人がプロサッカー選手になる時代

あなたの子どもが「プロサッカー選手になりたい」と言い出したとき、子どもたちが考えているのは乾《いぬい》貴士《たかし》や長友《ながとも》佑都《ゆうと》のように海外のクラブでプレーする選手、あるいはJリーグで活躍する選手をイメージしているかもしれません。

さらには、夢は大きく世界のスーパースターという人もいるかもしれません。

親としては子どもの夢や希望はなるべく叶えてあげたい、そのためにサポートすべきことがあればサポートしてあげたい。けれども、**具体的に何をしたらいいのかわからない**という方が大半ではないでしょうか。

この本では、プロ選手になるためにはどういう道すじを通るのか、その際に気をつけなければいけないことは何かを、少しずつ記していきます。

ただし、その前に目指す目標、ゴールのイメージを持っておいたほうがいいでしょう。

「プロサッカー選手」といっても、収入面で大きな差があることは前記したとおりです。**プロサッカー選手になること自体は、実は以前ほど難しくなくなっています。**なぜかというえば、プロ選手を抱えるチームの数が増えているからです。

1993年にJリーグが開幕したときのチーム数はわずか10チームでしたが、現在J1は18チームに増加していますし、J2は22チーム、J3は17チームで構成されていて、現状で57チームあります。今後はさらに門戸が開かれていくので、60チームを超えるでしょう。

Jリーグ開幕時点と比べれば6倍になるわけで、1チーム30人としても1800人の選手がいることになるわけです。

Jリーグ開幕時が300人とすると、明らかに選手数が増えていますから、その分、プロ選手になるためのハードルはかなり下がっていますし、今後も下がる可能性があります。

もちろん、誰でもプロ選手になれるというわけではありません。しかし、以前に比べればプロになること自体は簡単になっているのが事実です。

◉ただ「プロになれればいい」というものではないはず

日本のサッカー人口で第1種（成人男子）は約15万人です（日本サッカー協会調べ、以下同）。その100人に1人は、ざっくりいえば、プロ選手という割合になるわけです。大学を卒業してプロ入りするのは毎年およそ60人、第2種（高校生年代）からもほぼ同じ60人くらいです。

第2種の登録人数は約18万人なので、高校3年生が3分の1の約6万人いるとすると、その中からプロになれるのは1000人に1人という計算になります。

1000人に1人と聞けば、非常に狭き門と感じるかもしれません。確かにJ1、J2のプロ選手になるには厳しい競争があります。

ただし、J3でプロ契約する第2種の選手はほとんどいないのが現状なので、ここが増えると計算上の数字はまた違ってくるでしょう。

ともあれ1000人に1人は、1チーム20人として単純に計算すると50チームに1人の割合でプロ選手になるわけですね。

50チームに1人が多いのか少ないのかは実感としてわかりにくいのですが、全国大会で上位を狙うような強豪高校サッカー部のエース級ならば、プロになれる可能性は十分あるといえるでしょう。むしろ、レギュラークラスでもチャンスはあると思います。

さらにJリーグよりも今のところレベルの低い東南アジアなどのリーグに目を向ければ、プロになれる可能性はもっと上がっていきます。

外国人選手の登録数に制限があるので人数は限られますが、J1やJ2でプレーできるレベルでなくても通用するリーグはあります。ヨーロッパや南米でも下部リーグならば事情は似たようなものかもしれません。

プロサッカー選手を目指すために

02 目指しているゴール、目標を明確に持とう

しかし、**「プロサッカー選手になりたい」という子どもたちがイメージしているのは、年俸300万円のプロサッカー選手でしょうか。**

プレーしてお金を貰うのですから、年俸に関わらずプロなのは間違いありませんが、おそらくそれは子どもがイメージしている「プロサッカー選手」ではないと思います。

もちろん、親が思うプロも、日本代表やJ1の選手ではないでしょうか。

サラリーマンの生涯賃金を10年で稼ぐ

「平成29年分民間給与実態統計調査」（国税庁）によると、サラリーマンの平均年収は約432万円です（男性が約531万円、女性が約287万円）。

これをもとにサラリーマンの生涯賃金を試算すると約2億2000万円になります（退職給付制度のある会社に60歳まで働いた男性の場合。退職金は厚生労働省「平成30年就労条件総合調査結果の概況」の管理・事務・技術職の平均額を加算）。

プロサッカー選手の選手寿命は10年程度です。

J1平均だと引退年齢は26歳です。3年以内に辞める選手も多いですし、逆に30歳すぎても現役を続けている選手もいるのでいちがいには言えませんが、レギュラークラスでも18歳でプロ入りして30歳くらいまでが第一線で活躍できる期間でしょう。

J1平均の約2500万円の年俸で10年間プレーしたとして、その間の賃金は2億

5000万円ですから、サラリーマンの生涯賃金と同じくらいになります。サラリーマンが40年弱働いて稼げるお金を10年で得られるわけですね。

ただし、**引退してからの人生のほうがはるかに長いことになります。**

サラリーマンは賃金などのほか、退職後に企業年金などをもらえる場合がありますが、サッカー選手は辞めたら基本的に収入はなくなります。

20歳台で年収2500万円なら、同年齢のサラリーマン並みの生活を維持できればお金は残りますが、なかなかそうもいかないようです。物価の上昇もありますから、選手時代で稼いだお金を貯蓄するだけでなく、新たな仕事を始めなければなりません。

年俸1億円を超えるトップクラスの選手になっていれば貯蓄も十分できますし、そのクラスになれば引退後も解説者やコーチなどの仕事もついてくると思います。

ただし、J1で年俸1億円を超える選手はほんの一握りで、現状10人程度しかいません。

また、プロ選手にはケガがつきものですから、いつ何時故障によって選手生命を絶たれるかもわかりませんので、どれだけ才能があったとしても引退後の人生設計を若いうちから考えざるを得ず、サッカー以外の仕事をするための準備が必要になってきます。

ですから、子どもがプロサッカー選手を目指すといっても、他に何もできないようでは本人が困ることになるわけですから、**当然引退後のこともセットで準備すべきです。**

ところが、現実にはサッカーを一生懸命やっているだけで、将来のことはあまり考えていない選手が多いのが現状です。プロサッカー選手は非常にハードな肉体労働であり、競争も厳しいので、他のことを考える精神的な余裕を持ちにくいのでしょう。

プロとしてうまくいかなかったら引退してコーチでもやろうと考える人は多いですが、街のクラブチームのコーチなどで得られる月収は20万円程度。1人ならば副業をしながら何とか生活していけるかもしれませんが、それだけで家族を養っていくには厳しい収入です。

サッカー関連以外の仕事に就こうとしても、20歳台後半になってしまうと就職口はかなり限られてしまいます。プロサッカー選手としてのキャリアは一般企業ではほとんど役に立ちませんから、新入社員と同じ能力で年齢だけが高い人材とみなされてしまいます。

◉Jリーグの厳しい契約内容は、ある意味で選手の将来を思いやっている?

現在、Jリーグの新人選手は「C契約」からスタートします。

C契約の年俸は上限が480万円と決まっています。

さらに、一定の出場時間に満たないと、A契約（年俸の上限なし）を結べない決まりがあります。**C契約を継続できるのは3年まで**なので、その間に次の契約を結べるだけの試合出場時間を得なければなりません。

これは、非常に厳しい契約である一方、ある意味で選手には親切な契約といえるかもしれません。なぜなら、18歳でC契約を結び3年で契約を切られたとしてもまだ21歳です。21歳なら、十分、違う仕事に就ける可能性が残されています。しかし、25歳になってから次の仕事を探すのは難しいでしょうから、辞めるなら早いほうが選手自身のためともいえるわけです。

Jリーガーの引退平均年齢は26歳です。

ただし、これは平均であって3年以内に辞める選手は多く、逆に次の契約を勝ちとれば26歳以降もプレーできるケースが多いので、あくまでも平均にすぎません。

プロサッカー選手を目指すために 03

Jリーグ C契約では3年以内に結果を出すことが求められる

中学から高校への移行時が最初の分岐点となる

プロ入りして3年間で、「この世界で10年以上活躍できる」と確信できる選手はどれくらいいるのでしょうか。

3年以内にレギュラーポジションを確保していないと、なかなかそこまでの自信は得られないと思います。3年以内にJ1でレギュラーポジションをとれる選手というのは、かなり特別な存在です。

誰が見ても才能があり、将来は日本代表にも選ばれると思うような、またはすでに代表入りしているような選手です。つまり、その年代のトップクラスの選手です。

J1で10年プレーできると3年でわかるとすれば、そういう選手ということになるでしょうか。こうなると、かなりハードルは上がります。

18歳でプロ契約するとして、その時点ですでに年代別の日本代表に名を連ねている選手ですから、そのクラスならば悪くてもJ1の平均年俸2500万円で10年プレーし、中小・中堅企業サラリーマンの生涯賃金を現役時代に得ることができるでしょう。さらに不動のレギュラーならば、その倍は稼げるかもしれません。

ただし、よく考えてみればみるほど、プロサッカー選手は非常に割の合わない職業です。プロサッカー選手になるだけでも1000人に1人の能力があるのに、プロになっても3年以内にレギュラーになれるくらいでないと早々に引退しなければならない。そこを乗り越えても10年プレーしてやっとサラリーマンの生涯賃金に並ぶ程度。1000人に1人の能力があるのに年収300万円以下になる可能性さえある。しかも、サッカーしかできないと、引退後の仕事探しにも苦労する……。プロサッカー選手という職業は、医者や弁護士とは違うのです。

ですから、もし親として子どもにプロサッカー選手を勧められるとすれば**10代からアンダー世代の日本代表のレギュラークラスである場合が妥当**だといえます。

それでも、負傷したり伸び悩んだりすればプロでは活躍できないかもしれませんし、現実にそうした例はいくらでもあります。少年時代は天才と騒がれた選手が、プロではまったく活躍できないまま3年ほどで引退というケースは普通にあります。

子どもたちはそんな現実を知りません。純粋にサッカーがうまくなりたい、プロサッカー選手になりたいと思うだけでしょう。

ただし、そうした子どもたちの夢に冷水をぶっかけるように現実を教える必要もありません。親が知っていればいいだけです。子どもが「プロを目指す」と言い始めたときに、慌てて止める必要はない、と私は思います。


ある意味、**プロサッカー選手になれるかどうかは18歳以前に自然と選別される**からです。12歳で「プロになる」と決意することはできますが、その時点でプロになれるかどうかが決まるわけではありません。最初の分岐点は中学から高校に進学するときに訪れます。

日本サッカー協会に登録されている第4種（小学生）、第3種（中学生）、第2種（高校生）、第1種（成人）の人数をみると、第4種から第3種、第2種から第1種へはそれほど減っていません。ほぼそのまま移行しています。

ところが、第3種から第4種に移行する際に約10万人減少しています。つまり、中学から高校に進学する時期、クラブチームならジュニアユースからユースへ移行するタイミングです。この時点で自然淘汰的な選別が行われ、大幅に減るのです。

もう少し現実的な話をすれば、選手の選別は小学生から中学生になる段階で行われていま す。小学生から中学生になる段階でJクラブのジュニアユース、あるいは強豪の街クラブに所属していない選手は現在ほとんどプロにはなっていません。中学校のサッカー部からプロになる選手はほとんどいないのです。それが何を意味するかといえば、小学生の段階で選手の能力はスカウトによって見極められているということです。

もちろん、スカウトに評価されない、見逃されていた選手が後で台頭してくる可能性もゼロではないのでしょうが、現状ではほぼゼロに近いくらい、スカウト網が張り巡らされているのです。

酷な言い方かもしれませんが、小学生年代でスカウトから声がかからないとすれば、プロになるだけの才能がないと考えていいと思います。

声がかからないまま、地元の中学校へ進学してサッカーを続けたとしても、高校生年代に入るころにはスカウトされた選手たちとは大きな差がついていますから、それ以上続ける意欲を失って中学卒業と同時にサッカーを辞めてしまう子も多いのです。

中学から高校でサッカーを辞めないことが分岐点と書きましたが、それ以前の隠れた分岐点が中学へ進学する時点にあると考えるべきかもしれません。

子どもたちには、プロになってからの厳しい現実を知らずとも、それ以前に自分の実力がどれほどのものなのかを自覚する機会が必ず訪れます。

そこで自分にはプロは到底無理だと諦める子もいますし、諦めずに続ける子もいるでしょうが、中学生年代の3年間である程度は子どもたち自身に見えてくるものがあるわけです。

興味がサッカーから他のものに変わることもあるでしょう。

いずれにしても中学から高校へ移行するときに、かなりの人数がサッカーを辞めてしまいます。

もし、子どもをプロサッカー選手にしたいのであれば、高校生年代になってもプレーを続けるよう励ますことが大事です。

16歳までに「プロになれない」ことはほぼわかります。しかし、プロになれるかどうかはわかりません。第一関門をクリアできていれば可能性はあります。

実際、中学3年時にいったんサッカーを辞めた選手が、両親の説得で高校に入ってから再開してプロになった例もあります。**中学生年代は最も多感で精神的に不安定な時期なので、周囲の支えがとても重要です。**

プロになれるかどうか、18歳でもわからない場合もあります。例外的ではありますが、高校時代はレギュラーですらなかったのに、その後に大きく伸びてプロとして活躍した選手も実際にいます。

少なくとも高校卒業時までは何がどうなるかはわからないところはあります。その時点でプロを目指すかどうかを選択すればいいので、それまでは子どもが「プロになる」と頑張っているのなら見守ってあげればいいのではないかと思います。

ただし、ここまで記したようにプロサッカー選手といってもピンからキリまであること、実力だけが頼りの厳しい競争があることは、親として知っておいたほうがいいでしょう。

プロサッカー選手を目指すために

04

中学→高校で脱落しないこと。多感な時期を親はサポートしていこう

サッカーとは実に不条理なスポーツである

どんな職業でもプロとしての厳しさはありますし、競争もあります。
ですが、プロスポーツはとくに競争が厳しい世界です。
さらに、サッカーというスポーツそのものが、たんに厳しいだけでなく不条理であるということは、ぜひ知っていただきたいのです。

テニスなど個人でやる競技なら、自分が対戦相手を上回れたら勝利できます。

しかし、チームスポーツでは自分1人で勝つことはできません。**1人だけ素晴らしい選手がいても勝てるとはかぎらないのがチームスポーツです。**

では、チームとして相手を上回れば勝てるかというと、サッカーでは必ずしもそうではありません。より良いプレーをしたチーム、より強力なチームに勝つ可能性が高まるのは当然です。しかし、必ず勝てるわけではないのです。

FCバルセロナで長年に渡り、監督、コーチ、強化部長などを歴任したカルレス・レシャック氏にインタビューしたとき、彼はまずバルセロナの哲学について話を始めました。

「ボールを支配するのがバルセロナのサッカーです。我々のプレーのやり方で70％ほどボールを支配できれば、80％の試合には勝つことができる」

これがバルセロナの基本的な考え方だという説明でした。

興味深いのは、レシャック氏は100％勝てるとは言っていないことです。

実際、彼は**「すべてがうまくいっても20％は負けるのがサッカーだ」**という前提をまず話していました。バルセロナの哲学を語るうえで、負けることから話し始めたのです。

バルセロナのプレースタイルを十分に表現できれば80％は勝てるのだから、自分たちの考え方に基づいたプレーを続けるのが合理的な判断である。20％起こりうる負けという結果に惑わされてはいけないと最初に釘を刺しているわけです。

見方を変えると、バルセロナほどの強豪チームでも、「すべてうまくいっても負けることがあるのがサッカー」という考え方の下に哲学を作り、育成方法やクラブの運営も含めてすべてのことを決めている。それほどサッカーにおける勝敗はコントロールしがたいという認識を持っているわけです。

プレー内容が良くても負けることがあると知ったうえで、より良い内容のプレーを目指すべきだという考え方をクラブとして共有しています。

ですから「勝てば何でもいい」というのはバルセロナの哲学ではありません。勝つ可能性の高い、彼らが考えるより良いプレーをすることに集中します。

◉社会に出る前に理不尽を知ることができる競技

サッカーは勝敗を予想しにくい競技です。

根本的な原因は得点が少ないからでしょう。

例えば、バスケットボールだと「0－0」というスコアは考えられません。両チームとも1本もシュートを決められないという試合展開などほぼないといっていいでしょう。だいたい1試合で70～80点は入ります。

ところが、サッカーで「0－0」は頻繁に起きます。1試合あたりの平均得点はおよそ2～3点です。これは各国リーグほぼ同じでおよそ2点台です。平均3点入るリーグや大会はレアケースといっていいでしょう。1試合で入るのが2点平均なら「2－0」になったら試合はほぼ終わりです。それだけサッカーは得点が入りにくい競技であり、言い方を変えると守りやすいゲームなのです。

実力差があっても、それがスコアに反映されにくい。番狂わせも起こりやすい。つまり、チームとして対戦相手を上回っている場合でも勝てるとはかぎらない性質を持っています。

1人の選手が努力しても、チームとして良いパフォーマンスをしても、それが必ずしも報われるとはかぎらない。もちろん、基本的には強いチームのほうが勝つ確率は高いのですが、他のチームスポーツに比べると確実ではない。不条理な部分の多い競技です。

競技自体に不条理なところがあるだけでなく、個々の事象に目を向けても理不尽なところは多々あります。

例えば、GKはポジションが1つしかありません。FWならば、良いFWが2人いれば2トップを組めばいい。3トップにすることもできます。しかし、いくら素晴らしいGKが2

人いるからといって、2人でゴールを守ることはできません。ルールで1人と決まっています。

どんなチームでも、1人のGKを選ばなくてはならない。そのとき、誰をGKに起用するかを決めるのは監督ですが、実力が伯仲《はくちゅう》していて甲乙つけがたい場合も往々にしてあります。

それでも1人は先発し、他のGKの選手はベンチです。**監督の判断が正当であると納得できるならまだしも、納得できない場合だってあります。**

チームが勝っていて、GKに大きなミスや負傷でもなければ、たいていの監督はGKを代えることはしません。控えGKからすれば、その時点で自分のほうが良い選手だと確信していても試合には出られないのです。

フィールドプレーヤーでも理不尽なことはたくさんあります。

監督が代われば戦術も変わりますから、前の監督でレギュラーだった選手でも、監督と戦術が変化したことで起用されなくなることもあります。

90分間、素晴らしいプレーをしていても、たった1つの致命的なミスで大変な非難を浴びることもあります。プロサッカー選手に限ったことではありませんが、理不尽なことはたくさんあるわけです。

プロサッカー選手として成功するには強い意志が必要になりますが、実力や意志の力でもどうにもならないことがあるのです。

何事にも運は必要です。**サッカーの場合はとくに運に左右される割合が他のスポーツよりも大きい**。それを承知しておくことは大事だと思います。

バルセロナの哲学が負けることを前提にして、そのうえでより良いプレーをしようと考えているように、そもそも人生を勝ち負けだけで判断するのはサッカーを職業とするなら危険かもしれません。

プロサッカー選手を目指すために
05
実力や意志の力ではどうにもならないことがある

サッカーの「不条理」とのつき合い方

「勝てば官軍」と言いますが、これは勝者を称賛した言葉ではなく、正当性のない勝者もいるという意味です。

野球の大選手で大監督だった野村克也氏は、「勝ちに不思議の勝ちあれど、負けに不思議の負けなし」と述べています。運が良くて勝てただけという試合は、野球以上にサッカーにもあるわけです。

運命は人間にはコントロールできません。努力ではどうにもならないものです。

運の善し悪しで勝敗が決まりやすいのがサッカーであり、まして自分1人だけの力で勝つこともできない。

つまり、**勝敗とか成功を求めて努力する姿勢は不可欠ですが、結果は誰も保証しない、運次第であるということを知らなくてはならないのです。**

プロスポーツ選手は勝利を目指してプレーします。
しかし、勝負である以上、必ず敗者も存在します。そして自分がその立場になることも当然ある。飽くなき勝利への挑戦者であるためには、正しい敗者になる心構えが求められるのです。

話は少々脱線しますが、日本のスポーツ団体で相次いで問題が発覚しています。
日本大学アメリカンフットボール部で、相手選手を負傷させるようなタックルをさせた事例がニュースになりました。レスリング、体操、ボクシング、バスケットボールと立て続けに不祥事が発覚しています。

一連の事例はそれぞれ固有の問題がありますが、1つ通底していることがあるように感じます。勝利に固執するあまりに、勝つためには相手にケガをさせてもルールを無視してもいい、政治的な権力を使ってもいい、というふうになってしまっているのではないかということ。勝利という結果しか判断基準がないために、短絡的な勝利至上主義に偏っているのです。

これは、スポーツとどう向き合うかという根本的な哲学の欠如です。

◉サッカーとの正しいつき合い方

作家のアルベール・カミュは、人生のモデルとして「シーシュポス」をあげました。シーシュポスはギリシャ神話に登場する神ですが、最高位の神であるゼウスの怒りを買って、山の頂上まで岩を押し上げる刑に処せられます。

ところが、重い岩を押し上げる先である山頂は鋭く尖っていて、必ず反対側に岩は転落してしまうのです。

つまり、シーシュポスに科せられたのは永久に重い岩を押し上げ続けるという刑でした。

では、これがなぜ人生のモデルなのでしょうか。

シーシュポスの話は美の象徴としてヨーロッパではロゴマークなどに使われているそうです。岩を押し続けるだけですから、シーシュポスがやっていることに意味はありません。ただの徒労です。成功もありません。にもかかわらず、**シーシュポスが美しいのは、全力で運命に抗《あらが》っているからです。**

いわば押している岩は運であり運命で、人間にはどうしようもないものです。しかし、諦めてしまえばシーシュポスは岩の下敷きになるだけです。全力で押し返すしかない。その運命という宇宙のチャンピオンに対して、1人で立ち向かう姿勢が美しいとされているのです。

人は誰でもシーシュポスだと考えることもできます。

人はいつ死ぬか誰にもわかりません。100歳まで生きるかもしれませんし、明日死んでしまうかもしれない。成功できるだけの能力があっても、その前に命が尽きてしまえば成功はできません。

逆に大きな成功を収めても、その後の人生でそれ以上の失敗をして失意のうちに死んでしまうかもしれません。岩が山頂に到達した瞬間に命が尽きていれば「成功」になりますが、そこに大した意味を見出すのは難しいと思います。

つまり、成功を人生の目標にすること自体が無意味だということになります。

シーシュポスが岩を押し上げることに意味がないのと同じです。

シーシュポスの神話は、人生に意味はないと教えているのかもしれません。意味を見出すのは、その人生を生きている人にしかできないということです。**その人が何を思い、運命という絶対不敗の王者に対していかに挑戦したか**。その姿勢が人生であり、それこそが美しいということなのでしょう。

バルセロナが、良いプレーができても20％は勝てないことを前提にしているのは、運命には勝てないからです。

しかし、彼らは良いプレーをするのが無意味だと思っているわけではありません。逆に、だからこそより良いプレーをしようとしているわけです。

結果だけではなく、その過程こそが重要であり、ある意味すべてだと考えているのですね。

不条理な部分が多いサッカーとの、正しいつき合い方の1つではないかと思います。

プロサッカー選手を目指すために

06 不条理な部分が多いサッカーだからこそ結果だけでなく過程を見つめよう

親の人生と子どもの人生は似て非なるもの

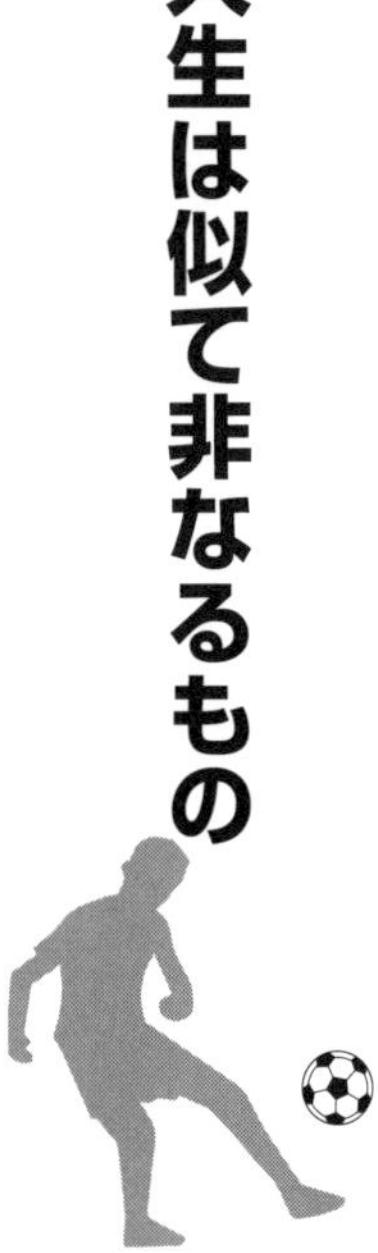

ここまで、「プロサッカー選手とは何か」を記してきました。

およそのイメージを描くことはできたでしょうか。親御さんからすれば、**「思ったよりも大変そうだな……」**と感じられたかもしれません。

たしかに、客観的にいえばプロサッカー選手は子どもの将来安泰を保証する、といったオススメの職業ではないかもしれません。

ただし、好きなことに打ち込む、仕事にするのは、とても意義のあることだと私は思っています。

サッカーが子ども本人に向いていて、意欲も十分なら、他の人がどうこう言うべきことではないのかもしれません。たとえ親といえども子どもとは別人格なのですから、親には親の、子には子の人生があるのです。

逆に、親が子どもをプロサッカー選手にしたいと望んでも、子どもに才能や意欲がなければ強制すべきでないのは言うまでもありません。

子どもに才能と意欲があり、親も子どもの夢を後押ししたい。そういうケースでも、あまり干渉しすぎるのは良くありません。なぜなら、期待はときに子どもにとってプレッシャーになってしまうからです。

とくに**小学生年代はサッカーを心から楽しむことが、プロになるためにも欠かせません。**サッカーを楽しむために弊害になることは極力避けたほうがいいと思います。

子どものころから勝利至上主義に陥るのは愚かだといえます。

子どもは放っておいても負けず嫌いで、いつでも試合に勝ちたいものだからです。

そこで**大人が必要以上に勝つための方法を教えてしまうと、かえって子どもは意欲を失ってしまいます。**大人の指示に従ってプレーするのは多くの子どもにとっては苦痛でしかないでしょう。

かつて旧ユーゴスラビアはサッカー強国でした。

ユーゴの指導で面白いことの1つに、**「パスを受けたい選手は声を出してはいけない」**という方針があります。

日本では反対に、「パスを受けたければ声を出して味方を呼びなさい」と教えるコーチが多いと思いますが、ユーゴの指導者は「声を出してはいけない」と教えるのです。声を出してパスを要求した選手がいたら、その場で交代させてしまうことさえあったそうです。

なぜ、パスをほしい選手は黙っていなければいけないのか。

相手にバレてしまうということもありますが、一番の理由はボールを持っている選手の判断力を阻害しないためです。


サッカーではボールを持っている選手がプレーの選択をします。

例えば、AとB、2つのパスコースがあるとしましょう。

どちらにパスするかを決めるのはボールを持っている選手であるべきだというのがユーゴの指導者の考え方です。

そこで、ボールを持っていないA選手が「寄こせ！」と声を出してしまうと、ボールを持っている選手は声を出した選手へのパスを優先してしまいがちになります。それではボール保持者の判断力が育たない。AかBかは、状況や自分の技量を考えて瞬時に判断しなければならない。

たとえボールを欲しがった選手が正しいとしても、その選手へパスを出すのは難しいとボールを持っている選手が判断する場合もあります。

そこで無理にA選手へパスしようとしてもミスになってしまう。つまり、結果的にAというパスの選択は間違いなのです。

それも含めて、**ボールを持っている選手の判断を尊重する。そうしなければ本当にアイデアのある選手は育たない**とユーゴの指導者は考えていたのです。

親と子の関係も同じです。

ボールを持っているのはあくまでも子どものほうです。

ボールホルダーの判断を尊重しないと良いプレーヤーには育たないのです。親の言うとおりにやって一時的にうまくいったとしても、それが子どもの成長を阻害している可能性もあります。

パスを受けたい選手は良いポジションをとり、ボール保持者に良い選択を促すことはできますが、パスを強制することは害が大きいのと同じです。

サッカーはチームスポーツであるとともに、個人の判断が非常に重要です。同じような状況は何度もありますが、まったく同じ状況はありません。そのつど、選手にはその場の判断力が要求されるスポーツです。ですから、**育てなければならないのは選手自らが判断する能力**なのです。

プロになってからもそれは同じです。

例えば、事前に監督から与えられた作戦でも、実際に試合を始めてみると役に立たないことがよく起こります。

そんなときに、監督の指示を待たずに作戦を変えていけるのが一流の選手です。状況に合っていないのに事前の作戦を変えられないとしたら、状況を理解していないか、新しいアイデアを持てないか、そもそも事前に与えられた作戦の意味すらわかっていないか、そのどれかですからプロとして一流ではありません。

ある意味、**サッカーは言われたことだけをやっていてはいけないスポーツ**なのです。常に自分で考え、判断する能力が決定的に重要です。

ですから、**状況もわかっていない第三者が選手の判断に介入することほど成長を阻害するものはない**といっていいかもしれません。

それがたとえ親やコーチといえども、必要以上に関与するのは成長を阻害する可能性があります。子どもの成長に合わせたアドバイスは効果的ですが、大人の都合で子どもが理解できないようなことを強制するのは逆効果なのです。

いつ、どのような指導をすべきかは現場の指導者が専門家です。

ただし、自分の子どもに関しては親こそが専門家です。

子どもの変化に敏感に気づくのも親でしょう。

親が子どものサッカーを上達させるためにプレーの指導するのは難しいですが、子どもがサッカーを楽しめるように見守ってあげるのは、親だからこそできることではないでしょうか。

プロサッカー選手を目指すために

07

自分で考え、判断する子に育つよう見守るのが親の役目

CHAPTER 2

プロサッカー選手になるための条件

プロサッカー選手に必要な5つの才能

「プロサッカー選手になる」こと自体は、大きな才能がなくても可能かもしれません。しかし、職業ですから、その仕事でお金を稼ぎ、生活していかなければなりません。生活していける、仕事を続けていくのに、まず必要となる土台が、サッカーの場合は持って生まれた才能になります。

とはいえ、プロになる人が皆、メッシやロナウドのような才能に恵まれているわけではありません。**プロサッカー選手になる競争は、メッシやロナウドになるための競争ではないのです。**

また、才能といっても1つではありません。才能があるかないかは、12歳くらいまでに判断されます。中学生になるくらいの時期です。

というのも、13歳以降は持っている才能を伸ばす段階に入っていくからです。

◉スカウトはどこに着目するか

プロのスカウトが着目する才能には5種類あるといわれています。

1　GK（ゴールキーパー）の才能
2　センターバックの才能
3　サイドプレーヤーの才能
4　プレーメーカーの才能
5　ストライカーの才能

この5つの才能のどれかを持っていることが、プロサッカー選手になるための条件となります。

複数持っている人、1つだけの人など、いろいろなタイプがありますが、少なくともどれかは持っていること。指導で才能を伸ばすことはできますが、才能を作ることはできません。

仮に作れるとしても、ものすごく時間がかかってしまうでしょうから、プロの指導者は最初から才能が表れている人材をスカウトして育てていきます。

才能のある子をスカウトして、プロチームの育成チームに入れて育てる。学校の場合は中学や高校の部活動への入部を勧誘するということになります。

では、次項からそれぞれの才能を1つずつ見ていきましょう。

プロサッカー選手を目指すために 08

子どもに5種類の才能のどれがあるか見極めよう

GKの才能

GKとセンターバックに関しては、体格がかなり重要な要素になります。

世界のトップレベルで活躍しているGKの身長はおよそ190センチ以上です。

180センチ台のGKもいますが、170センチ台となるとほとんどいません。

高身長がすべてではないにしても、160センチ台でプロのGKを目指すのは現実的ではないのです。

ただし、12〜13歳はまさに成長期です。その時点で190センチの人はほとんどいないでしょう。つまり、成人したときにどのくらいのサイズになりそうかということでしか判断できません。

GKにふさわしい体格になるかどうか、12〜13歳の時点でははっきりしないところはありますが、現在は骨の組織を調べたり、両親の身長などから、その選手がどのくらいの体格に

成長するか、ある程度の判断はできるようです。

とはいえ、小学生年代での身長そのものは評価対象にはならないので、この時点で判断基準となるGKの才能とは、まさにGKとしてのプレー内容そのものになってきます。ポジショニング、キャッチング、パンチング、キックなど、GKとしてのプレーの質です。

しかし、あくまでこの時点でスカウトが着目しているのは、才能でありポテンシャル、潜在的な能力です。技術は指導によって改善できるので、最も必要なのは**瞬発力**や**柔軟性**などの身体能力になってきます。

例えば、キャッチングの技術が不足しているのでシュートを止め損ねたGKと、まったくシュートに届かないGKがいるとすると、評価されるのは前者です。

届く範囲なら良いプレーができるGKよりも、届く範囲そのものが広いGKのほうが才能はあると考えられるからです。

◉成長期の段階では判断しづらいポジション

GKに関しては18歳くらいにならないと本当に才能があるかどうかはわからないところがあります。

実際、プロとして活躍しているＧＫの中にも、高校時代までほとんど無名だった選手も何人かいます。

地域選抜くらいには入っていても全国的には無名で、大学時代に大きく伸びてプロから誘いがくるというケースはけっこうあります。

これは、ＧＫというポジションは体格や経験値に左右されるので、ある程度の年齢にならないと本当のところはよくわからないからでしょう。

次に記すセンターバックとともに、**高校生年代くらいまでは才能の判別がつきにくいポジション**といえるかもしれません。

プロサッカー選手を目指すために

09

ＧＫは優れた身体能力と高身長であることが重要な要素になる

センターバックの才能

センターバックもＧＫと同じく体格が才能を構成する重要な要素になります。**身長１８０センチ以上が目安**になるでしょう。

１９０センチを超えるセンターバックも活躍していますが、ＧＫと違ってフィールドプレーヤーですから、スピードやスタミナも含め、より広範囲な身体能力が問われます。

センターバックの才能は、簡単にいえば**守備能力**です。体格はそのために必要な一要素になります。

得点のほとんどはペナルティーエリア内のシュートから生まれます。とくにゴール正面のゴールエリアの幅です。およそどの大会の統計でも80パーセントくらいは、このエリアからのシュートが得点になっているので「ゴールデン・エリア」とも呼ばれています。

逆にいえば、そこ以外からの得点は非常に少ないということ。つまり、ペナルティーエリ

ア内のゴールデン・エリアを守れるＤＦが重要ということです。

また、ゴールデン・エリアからの得点の多くが浮き球からのヘディングシュートなので、センターバックには**空中戦の強さ**が求められることになります。身長の高さが求められるのは空中戦で有利だからです。

もちろん身長が高ければ競り合いに勝てるとはかぎりません。

ポジショニングや駆け引きなども非常に大事です。

例えば、１９０センチのＤＦと１７０センチのＦＷではかなり高さに差があるように感じますが、その差はたったボール1個分です。ですから、身長差は絶対ではないのです。実際、１７０センチ台のセンターバックでも世界のトップクラスで活躍している選手はいます。

ただし、一般的には身長は高いほうが有利ですし、現代のサッカーではスピードのあるクロスボールが入ってくることも多く、そういう場合には駆け引きを行う余裕があまりない瞬間的な勝負となり、単純に高いほうが有利になるケースが多いのです。

高さと並んでパワーも重要です。空中戦ではポジショニングで勝負が決まることも多く、そのときに**コンタクトプレーでの強さ**が問われるからです。

同じ身長とジャンプ力ならボールに届く最高点は同じですから、落下点を占めたほうが勝ちます。場所の取り合いに勝てるパワーが必要になります。FWに押されてもびくともしない強さです。相手FWの身長が高い場合でも、ヘディングできる場所に入れさせなければDFが先にヘディングできます。こうした競り合い、身体と身体が接触するフィジカルコンタクトにはパワー、あるいは重さが有利に働きます。

ゴールデン・エリアは空中戦だけではなく、パスワークやドリブルからのシュートもあります。

センターバックにはシュートブロックやタックルの技術も問われますし、相手のプレーを予測する読みは重要ですね。**瞬間的に動くパワー、リーチの長さもあると有利**です。大きくて強い、さらに速ければセンターバックとしての才能を備えているといえるでしょう。

私が知る限り、中学生年代からずっとセンターバックという選手はあまりいません。**最初はFWやMFだった選手が途中でセンターバックにコンバートされるケースが多い**のです。

GKと同様に12、13歳の段階では体格が完成していないので、センターバックとしての才能がその時点では評価を下しにくいということはあると思います。FWやMFでプレーしていた選手の中にも、本当はセンターバック向きという人がいるわけです。

プロサッカー選手を目指すために

10

センターバックには高い守備能力をキープするための広範囲な身体能力が求められる

◉成長を止めない環境を選ぶ

ＧＫとセンターバックに関しては体格が才能を構成する重要な要素になるわけですが、これについては遺伝が大きく作用します。とはいえ、生まれつき決まっている才能だけでなく、成長期の生活の仕方も影響があるといわれています。

トレーニングと食事と睡眠、この3つが正しいサイクルにないと成長が止まってしまうこともあります。練習後に、あまり時間を置かずに栄養を摂取すること、さらに食事の後に十分な睡眠時間をとることで発育が促されます。あまりにも練習量が多いと、成長のためのエネルギーを使い果たしてしまって身長が伸びなくなるという説もあります。

ヨーロッパのクラブチームの多くはユース年代の選手寮が完備されていて、練習後にすぐに食事をして睡眠をとれるようになっています。

日本は通学に1〜2時間もとられる場合もありますが、それでは育成に適した環境とはいえません。ＧＫやセンターバックとして大成するためには環境を選ぶべきだと思います。

サイドプレーヤーの才能

サイドプレーヤーとは、サイドバック、サイドハーフ、ウイングです。主にタッチライン際でプレーする選手になります。

サイドプレーヤーに求められる才能は**スピード**です。

これも遺伝的にほぼ決まっている才能です。筋肉の筋繊維には速く動くための筋繊維と、ゆっくり長く動くための筋繊維があるのですが、その割合は生まれつき決まっているからです。

陸上競技の100メートルを走るスプリンターはマラソンランナーには向いていませんし、マラソンランナーもスプリントには向いていません。

もちろん筋繊維だけが速く走るための要素ではありません。

トレーニングで誰でもある程度は速くなりますが、努力だけでは届かないところもあるわけです。

スピードのある選手の中で守備力が高い、何往復もダッシュできるスタミナのある人はサイドバック向きです。ドリブル突破など攻撃力に優れていればサイドハーフやウイングに向いています。いずれにしても求められるのはスピードになります。

サイドプレーヤーに関して体格はほとんど関係ありません。

サイドバックには小柄な名選手も多く、例えば、日本代表の長友佑都《ながともゆうと》の身長は170センチです。

酒井宏樹《さかいひろき》のように185センチもあるサイドバックもいますが、酒井もスピードがあります。

背が高ければ空中戦では有利ですが、それよりもスピードのほうがこのポジションには重要です。**背が高くても低くてもいいので、スプリント能力に優れていること。それを持続できること。**サイドプレーヤーに求められる才能はこれです。

速さはすべてのポジションに有利に働きますが、それがとくにサイドプレーヤーに求められるのは、速さが生きる場所がサイドだからです。

例えば、中央で縦にドリブルしても1人抜けばすぐに敵のカバーが来ているはずで、スピードに乗ってそのまま直線的に進むのは難しいでしょう。

しかし、サイドは縦にスプリントできるスペースが中央に比べると空いているので、持ち味のスピードを生かすことができます。

攻撃側が速い選手をサイドに起用すれば、守備側も速い選手が必要になります。ですから、サイドバックとウイング、サイドハーフの資質はかなり似ていますし、守備も攻撃もこなせる選手が求められます。

◉ヨーロッパでプレーする日本人選手にサイドプレーヤーが多い理由

ちなみに**サイドプレーヤーは日本人がヨーロッパでプレーしやすいポジション**になっています。
これまでにも長友佑都、内田篤人《うちだあつと》、酒井宏樹、酒井高徳《さかいごうとく》、乾貴士《いぬいたかし》、原口元気《はらぐちげんき》、宇佐美貴史《うさみたかし》など、多くの日本人選手はサイドプレーヤーでした。長谷部誠《はせべまこと》もサイドバックでプレーしたことがあります。

ヨーロッパでプレーする日本人選手にサイドプレーヤーが多いのは、スプリント能力とスタミナに優れていて、細かいテクニックや突破力を備えているからですが、**体格に左右されないポジション**という理由もあるでしょう。

ちなみに、サイドは速さが求められるポジションと書きましたが、例外もいくつかあります。

例えば、デイビッド・ベッカムはとくに足が速いタイプではありませんでした。遅くはないのですが、速いというわけでもない。ベッカムの才能はプレーメーカー向きだったのですが、当時所属していたチーム（マンチェスター・ユナイテッド）の方針で右サイドに起用されていました。

ベッカムの最大の特徴はキックの精度です。

右サイドに張っていて、そこでボールを受けると中央へ長いクロスボールを入れるのが攻撃パターンでした。

縦にドリブルで仕掛けるわけでもなく、ただ止めて蹴る。その長いクロスボールの質と精度が抜群なので多くの得点を生み出していました。レアル・マドリードに移籍してからは中央のMFとしてプレーしています。

ベッカムと同時代のスーパースターだったジネディーヌ・ジダンもレアル・マドリードでは左サイドハーフとしてプレーしています。

ジダンも特別にスピードがあるタイプではなく、ベッカムと同じように「サイドにいるプレーメーカー」でした。

サイドでプレーするからといって、すべてが速い選手とはかぎらず、**プレーメーカーやストライカーのタイプをサイドで起用するケースもあります。**

ですが、基本的にはサイドプレーヤーに求められるのはスピードなのです。

プロサッカー選手を目指すために 11

サイドプレーヤーはスプリント能力とそれを持続するスタミナがものをいう

プレーメーカーの才能

プレーメーカーに求められる才能は**アイデア**です。

また、アイデアを発揮するための**技術の高さ**も問われます。

体が大きいとか足が速いというのとは違って、アイデアは外見からすぐわかる才能ではありません。

とはいえ、見る人が見ればわかります。

サッカーにおけるアイデアは**判断力**です。自動車の運転にたとえるとわかりやすいかもしれません。

車の運転は道路状況や信号、標識などを「見る」ことから始まります。

そして、見て集めた情報から「判断」します。最後に判断を「実行」に移します。見る→判断→実行、これを繰り返して運転しているわけです。

例えば、信号が青から黄色に変わったのを見て、車を止めようと判断し、ブレーキを踏むという実行に至るわけです。

私たちは物事をじっくり分析し論理立てて考えるときには言語を使いますが、**サッカーにおける「考える」はほとんど言語を使いません。**プレーの判断は言語を使わないのが一般的です。なぜなら、言語を使って判断していては遅すぎるからです。

熟練のドライバーは、初心者に比べてより多くの情報を収集しています。また、「見る」と「判断」に隙間がありません。判断しているという自覚すらないかもしれません。多くの情報を収集して瞬時に判断し実行している。道路状況や周囲の車、標識、天候などを見て、ほとんど判断している自覚すらないままに正しくハンドルを切ったりブレーキを踏んだりしているのです。

こうした車の運転と似ていて、サッカーのプレーにおける判断の善し悪しは、そのときの状況をどれくらい把握しているかにかかってきます。

外面的にはいわゆる「首を振る」動作をしているかどうかは目安になるでしょう。周囲の状況を把握するには、まず見なければならないからです。より多くの情報を取り込もうとしている選手は頻繁に首を振り、頭を動かして周囲を見ていますから、そういう動作をしている選手は少なくとも周囲を見ようとしていることがわかります。

ですが、これは1つの目安にすぎません。

周囲を見ているかどうかよりも、見てどういう判断をしたか、どんなアイデアを持っていたか、さらにそれを実行できたかどうかが決め手になります。スカウトの側にもアイデアに優れた選手を見抜く力が要求されるわけです。

◉インプットした情報をプレーに反映できるか

遠藤保仁《えんどうやすひと》は、小学生のときに「周りをよく見てプレーしなさい」とコーチから言われたので、普段の生活から周囲を見ようと心がけたそうです。

例えば、公園でブランコが揺れているとします。

普通なら、「揺れているな」と思うくらいですが、遠藤は「右から二番目のブランコが揺れている」というところまで把握しようとしたそうです。

そうやって**普段の生活から周囲の状況を把握する癖**をつけているうちに、フィールド上の敵味方の位置が自然にわかるようになったそうです。

さらには、次の段階として「見なくてもだいたいわかる」というくらいになったといいます。

中村《なかむら》憲剛《けんご》も同じようなことを話しています。

小学生のころは体が小さくて、体をぶつけられたら良いプレーができなかった。それで意識して周囲を見て、**当たられる前にパスを出す**など頭を使ったプレーを心がけていたそうです。

情報収集はインプットですから、いくら情報を持っていてもアウトプットであるプレーに反映されていなければ意味がありません。

しかし、見て情報を収集している選手は自然と判断もよくなりますし、プレーそのものもうまくなる傾向があります。

常に周囲を見ることは、常に考えることにつながります。それを繰り返していると、自然に演算能力が上がるのでしょう。

情報は多ければ多いほど判断は研ぎ澄まされていきます。1しか見ていない選手の判断は1つしかありません。プレーも1つだけです。10見ている選手は、いくつかのアイデアの中から選択をして成功しそうなものを実行しますから、成功率も高くなります。選択をするというトレーニングも自然にできるので、判断力が磨かれていくわけです。

もちろん、最後の「実行」がなにより大事です。車の運転なら、ブレーキを踏めば止まってくれますし、ハンドルを切ったぶんだけ曲がってくれますが、サッカーではボールを足で扱うので実行そのものが簡単ではありません。止めたい場所に止められる、蹴りたい場所へ蹴ることができる、そうした技術の高さが必要なのは言うまでもありません。

小学生や中学生くらいだと、技術や筋力が追いつかないために結果としては失敗したとしても、アイデアそのものは優れていたというケースはよくあります。

例えば、30メートルのスルーパスを出そうとしたけれども、キック力が弱くて通らなかったとします。こういう場合、アイデアそのものが良いのなら、パスが通らなかったこと自体はあまり気にしなくてもいい。年齢が上がって筋力がつけば十分通るようになるからです。

逆に、**いくらキック力があってもアイデアがなければ、そのパスは意味をなしません。**プロのスカウトがプレーメーカータイプのアイデアに注目するのは、筋力のようにあとから加えることが難しい能力だからです。

周囲をよく見ているか、楽々とボールを扱えているか、正しい判断をしているか、普通の選手には思いも寄らないインスピレーションがあるか。このあたりを見て、その選手の才能を判断しているわけです。

プレーメーカーの才能を持つ選手のポジションはMFになりますが、MFでも得点力に優れていれば前方のトップ下になりますし、守備力があれば後方のMFになります。スピードや突破力に秀でていればサイドハーフかもしれません。

いずれにしても、細かいポジションはチームの戦術によって決まってくるところもありますから、ポイントとなる才能としては**アイデアの有無**になります。

プロサッカー選手を目指すために
12

プレーメーカーはアイデアを生み出す観察力と判断力がカギになる

ストライカーの才能

ストライカーの才能は得点力です。

得点のとり方にもいろいろあって、ドリブルシュートが得意な選手もいれば、ヘディングで点をとるタイプもいます。

あるいは、こぼれ球を押し込むのがうまい、足が速くて裏へ抜け出して点をとるなど、点のとり方は1つではありません。

結局のところ、**どんな方法でもいいので点をとれているかどうか。**これがストライカーの才能を見つける基準です。

極端にいえば、毎試合、ヒザでシュートして得点できるのなら、その選手はストライカーとしての才能があると言っていいでしょう。

テクニックが優れていて運動能力もあるのに、あまり点をとらない選手もいます。

一方で、理由はよくわからないけれども点をよくとる選手がいるのはたしかです。

技術や運動能力も大事ですが、ストライカーの才能として最も重要なのは実際に点をとれるかどうかです。

ポストプレーや前線での守備など、得点以外にもストライカーの仕事はありますが、ほぼ生来の才能としてプロのスカウトが注目するのは得点力です。

◉ストライカーはやや特殊な能力

得点力はやや特殊で、言ってしまえば「点をとれる人はとれる」という類のものでもあります。

パスもシュートも技術の精度が問われるのは同じですが、パスは受け手が動いている場合が多く、その動きを予測して蹴ることになります。ボールよりも、ぎりぎりまで周囲を見ておかなければなりません。

しかし、シュートはボールをしっかり見ることが大事です。

周囲やGKをじっくり観察するような余裕はあまりありません。瞬間の勝負なので、ボールに集中しないと蹴り損ねます。メッシやロナウドでも、シュートの瞬間はボールに集中しています。

ゴールは動きません。GKやDFは動いていますが、目標となるゴールは動いていない。自分は動きながら、しっかりゴールへ照準を合わせられる能力が重要になります。**ゴールを見なくてもゴールポストの位置が正確にわかる能力**ですね。体内にレーダーを持っているのが優れたストライカーなのです。

前記したように、得点のほとんどはペナルティーエリア内のシュートから生まれます。つまり、ペナルティーエリアの中でシュートを打てる選手がより多くのゴールをゲットします。

ペナルティーエリア内は相手も厳重に守っていてGKもいる。その瞬間に、どこへシュートを打てば入るか、それを知っているのがストライカーであり、ストライカーはゴール前特有のセンスが問われるわけです。**シュートを打てる、ボールが来る場所に「いる」**こともストライカーとしてのセンスになります。

ストライカーとして大成した選手の多くは、少年時代から地区や大会の記録を更新するくらいゴールを量産しています。

まれに、子どものころはそれほど点をとるタイプでなかったのに、途中から急にとりはじめる選手もいます。例外はどういう場合にもあるのです。

とはいえ、他のポジションからストライカーになるよりも、ストライカーから他のポジションにコンバートされる例のほうがはるかに多いでしょう。

子どものころは早熟で体格が大きくて足も速く、ゴールを量産していたけれども、高校生くらいになって点をとれなくなってコンバートされるというケースはわりと多いようです。

プロサッカー選手を目指すために 13

ストライカーは一にも二にも得点力。実際に点をとっているかどうか

プロサッカー選手になるための才能の伸ばし方

プロのスカウトが注目する5つの才能について記してきましたが、これらの才能だけではプロにはなれません。個人練習を積むことが重要になってきます。

なぜなら、才能を伸ばす作業は13歳以降になり、その選手のポジションが決まるのは15、16歳くらいなので、**中学生あたりから本格的な個人練習を積んでスキルアップすることが重要**になってくるのです。

ただし、ここで多くの親御さんが誤解してしまうのですが、チームとしての全体練習の他に行う個人練習といっても、すべて自分ひとりでやるという意味ではありません。ポジションごとに必要なプレーを練習するのですが、**専門のコーチがついてアドバイスを受けることが重要**になってきます。

日本の育成環境の問題点としてあげられるのが、個人練習をする余裕がなかなかないことです。なぜなら、指導者に対して選手数が多いからです。全体練習はできますが、個人練習まで手が回らないことが多いのです。

◉上達のチャンスがある環境になっているか

先ほど述べた5つの才能は土台、ベースにすぎません。ベースをアップしなければ才能があるというだけに留まってしまいます。

例えば、**プロのGKを目指すなら、専門のGKコーチがいるチームに入るべきです**。GKにはポジショニング、キャッチング、セービングなど細かな技術のセオリーがあります。特殊なポジションなので、専門的な知識を持っている指導者のアドバイスが重要です。

それでもGKに関しては、およそどんなチームでも個人練習は行われているかもしれませんが、他のポジションについては、必ずしもそうではないのが実情です。

また、中学生年代になるとチームの編成が変わることも影響しています。

小学生までは各学年だけでチームを編成するか、学年をまたがっても2学年程度ですが、中学生年代では3学年で1チームが基本になります。すると、1年生でレギュラーにならないかぎり試合には出られなくなってしまいます。

ポジションごとの個人練習をするとしても、レギュラーチームの選手が優先されることになります。

もし1学年に1チームあって、年間を通して試合ができる環境ならばいいのですが、3学年で1チームだと上達のチャンスを逃すかもしれません。

ですから、**「どのチームでプレーするか」**は才能を伸ばすためによく考えるべきでしょう。

1人のコーチが50人の選手を指導しているような環境は、個人の才能を伸ばすにはふさわしくないかもしれません。

プロサッカー選手を目指すために

14

才能を伸ばせる環境は重要な要素

中学生・高校生の年代は「可能性」を高める時期

才能を認められた選手がその才能をさらに伸ばすためには、本格的な個人練習が必要だと述べました。とくに、**中学生・高校生年代はサッカー選手としての「可能性」を高める時期**になります。

「可能性」とは、その選手の特徴、長所は何か、その選手がどのレベルまで行けるのかを示します。

例えば、ドリブルで次々に相手を抜いてシュートを決めるのが得意な選手がいるとします。

ドリブルシュートがJリーグのチームを相手にしても通用するなら、その選手はJリーグでプレーできる「可能性」があります。世界のトップ相手でも通用するなら、世界の頂点まで行ける「可能性」があるということです。

メッシの少年時代の映像を見ると、大人になってからと同じプレーをしています。スピードやシュート力にはもちろん違いはありますが、敵を次々に抜き去ってシュートを決めているのは同じなのです。

7歳のときのメッシのプレーと、大人になってからのプレーが基本的に何も変わらない。子どものときに持っていた才能がユースになっても、プロになっても、ワールドカップでも、ほぼそのまま通用している希有《けう》な例です。

一般的にいえば、子どものころに通用していたプレーも、中学生になったら通用しない、高校生年代ではプレーする機会さえないのが普通です。

しかし、高校生年代で得意としているプレーがどのレベルまで通用するかは、どのレベルのプロとしてプレーできるかを示します。

ヘディングが得意なFWなら、それでバルセロナのセンターバックであるジェラール・ピケや、レアル・マドリードのセルヒオ・ラモスにも競り勝てるのであれば、リーガ・エスパニョーラでプレーできる「可能性」があります。

ただし、それは「可能性」にすぎません。

仮にメッシと同じドリブルができるとしても、バルセロナでプレーできるとはかぎりません。あくまでも「可能性」があるというだけで、むしろそれだけしかできなければＪリーグでもプレーできないでしょう。

得意なプレーは、その選手の上限を示しているにすぎません。どこまで行ける可能性があるかというだけなのです。

◉不得意なプレーでも平均レベルは必要

得意なプレー、人には真似できない能力はプロになるためには絶対に必要です。けれども、それだけでは十分ではない。**得意なプレー以外でも、平均レベルのプレーができないとプロとして適応できません。**

ドリブルシュートのテクニックならメッシにも負けないとしても、パスが平均以下、守備はまったくできない、ヘディングも弱い……。これではＪ１はおろかＪ２やＪ３でも難しいでしょう。

すべてのプレーをハイレベルにできるのは理想ですが、そんな選手はほとんどいません。得意不得意はあって当たり前です。それでも、不得意なプレーでも平均レベルくらいはないと難しいのです。

Ｊ１でプレーするなら、Ｊ１の平均レベルに達していないとＪ１ではプレーできません。得意なプレーがよほど図抜けているのであれば、不得意分野は平均以下でも起用してもらえるかもしれませんが……。

弱点のある選手は、試合で必ず狙われます。サッカーとは、そういうスポーツです。その選手の弱点がチームの弱点になり、そのせいで試合に負けるかもしれない。プロの監督はそこまでリスクのある選手は、たとえ素晴らしい長所を持っていてもなかなか試合には使わないのです。使っても状況に応じての時間限定になりがちです。新人選手なら、短い時間で起用しながら不得意分野のレベルアップを待つことはありますが、それもせいぜい2、3年程度でしょう。

得意なプレーを持っていることがプロになるための条件です。武器があるから相手に勝てて、試合にも勝てるからです。

一方、武器は素晴らしいけれども、弱点もはっきりしている選手は、相手の武器でそこをつかれます。そのため、相手の鋭い武器には勝てないまでも、弱点として狙われない程度の実力はなければならないのです。

その選手の特徴、長所はどこまでのレベルに行けるかの「可能性」を示す一方、その選手が現実にどのレベルでプレーできるかは、長所以外のプレーがどのレベルの平均に達しているかで決まると考えていいでしょう。

得意なプレーは世界トップクラスでも、その他のプレーがJリーグレベルの平均なら、その選手がプレーできるのはJリーグまでです。

その他のプレーがJ3平均なら、J3ならプレーできますがJ2では難しいでしょう。得意なプレーが世界のトップレベルで通用して、その他のプレーも世界トップの平均ならば、世界のトップレベルでプレーできます。

プロサッカー選手を目指すために

15

強みでない部分でも平均レベルの能力は必要とされる

運を味方にできるかどうかもプロサッカー選手になる大事な条件

才能に恵まれ、努力によって才能をプロで通用する能力に仕上げ、さらに得意分野以外のプレーもプロで通用するレベルに引き上げる。ここまでやれば、プロとしてやっていける資格はあるでしょう。

それでもプロとして通用するか、あるいはプロになれるかどうかについては、まったく別の要素が関わってきます。

それは、**運を味方にできるかどうか**です。

サッカーの才能を伸ばせる環境や指導者に恵まれた時点で、すでに運があったといえるでしょう。

しかし、そこから先も運に恵まれるかどうかは誰にもわかりません。

例えば、同じポジションに抜きん出て高いレベルの選手がいれば試合には出られません。また、いつ負傷するかもわかりません。監督が代われば戦術も変わり、選手起用の考え方も変化します。監督の意向と合わなければ実力に関係なくプレー機会を失うことはよく起こります。

サッカー選手に限らず、どんな職業やどんな人生も運に左右されています。そして、運は人間にはどうすることもできません。人がどうにもできないのが運であり、運命だからです。

言うまでもなくプロサッカーは勝負の世界です。常に勝つことが求められます。結果を出し続けなければならない非常に厳しい職場です。チーム内でも競争があります。どんな職業でも同じようなことはいえますが、競技スポーツはよりシビアに、短期間に、理不尽に、目に見える形で結果が出る世界なのです。

ですから、プロ選手としてやっていくには強いメンタルが必要になります。理不尽に耐えて這い上がっていく強い精神力がないと続きません。

とはいえ、メンタルの強さは生き抜くために必要なだけで、とくに助けにはなりませんし、それで運を呼び込めるわけでもありません。

運は決定的なのです。

シュートがポストに当たって外れるか、ゴールインするかで世界一になれるかどうかが決まる、そんなことはサッカーで日常茶飯事です。ですから、運に恵まれないかぎりプロサッカーの世界で成功はありません。

にもかかわらず、人間に運はどうにもできない。つまり、それを承知のうえでこの世界に飛び込む覚悟が必要だということです。

◉サッカーの世界を知るうえで示唆に富むラウルの言葉

スペイン代表のキャプテンだったラウル・ゴンサレスは、こんな主旨のことを言っています。**「駅で電車を待っていて、行き先の電車が来たら乗らなければならない」**。一見、当たり前の話のようですが、ラウルは、そのときに乗らなかったら、その電車はもう二度と来ないのがサッカーの世界だ、と言うのです。

運は人間にはどうにもなりませんが、偶然に行き先の電車、つまりチャンスが巡ってきたら、それを確実につかまなくてはいけないという意味だと思います。

チャンスが来た、けれどもそのときたまたま体調が悪かった。またチャンスが来ると思って見送った。それではダメで、いつ来るかわからないチャンスが来たときには必ず万全の状態でなければいけない。次のチャンス、つまり運を自分で呼ぶことはできないからです。

運は誰でも平等にあるわけではなく、駅で待っていたら次々に行く先の電車が来る人もいれば、1本逃せば二度と来ない、いくら待ってもまったく来ない、そういう運命の人もいるでしょう。

だからこそ、**運が巡ってきたら必ず生かさなければならない。そのための準備をしているのがプロ**ということです。

プロサッカー選手を目指すために

16

チャンスが目の前に現れた時、「保留」という答えはないと心得る

プロサッカー選手として犠牲にしなければならないものもある

プロサッカー選手として大きな成功をつかむことができれば、10年間でサラリーマンの40年分の収入を得ることが可能です。あるいはそれ以上かもしれません。

そのかわり、**普通の人の生活と違っていろいろと我慢しなければならないことがあります。**

生活パターン1つとっても、一般の人たちとは大きく異なります。

Jリーグの場合、試合のある週末を除けば午前中にトレーニングをするチームが多く、だいたい午前10時ごろにスタートして2時間ほどで終了します。

その後、ファンサービスや取材対応などがありますが、午後2時ごろにはクラブハウスから出られます。

シーズン前のキャンプの時期は二部練習がメインになるので、午後もトレーニングがありますが、シーズン中は10時から14時くらいまででその日の仕事は終わりです。

一般企業に比べると、拘束時間はかなり短いといえますが、トレーニング自体はハードですから、仕事が早く終わるといっても余った時間は休息に充てることになります。

それでも、時間的にはかなり自由があります。

ただ、**時間はあるのですが、それほど自由に使えるわけではありません。**夜更かしは翌日の練習に影響するので控えなければなりません。とくに試合前日は厳禁でしょう。

◉食事も睡眠もすべて「サッカーのため」と考えられるか

食事も制限されます。

チームによって差はありますが、かなり厳しく制限しているクラブもあります。

肉は素焼きで塩味だけ、ご飯は玄米など、**おいしいかどうかよりも体を作るための栄養をとることが重視されます。**何を、いつ食べるかなどクラブ側が細かく設定することもあります。

練習時間そのものは2時間ほどですが、それ以外の時間も翌日の練習や試合のために使わなければなりません。食事や睡眠もサッカーのためという感じになります。

これはプロになってからだけでなく、中学生・高校生年代からサッカーのための生活をしていくことになります。

プロサッカー選手を目指すと、あまり自由がない生活になるかもしれません。気軽に友達と遊びに行くこともできないかもしれません。

中学生でプロを志すなら、友人たちのような自由はそのときからなくなっていきます。何かを得ようとするなら、別の何かを犠牲にしなくてはいけないのが世の常です。

食べたいだけ食べ、遊びたいだけ遊んでもプロとして活躍できる選手もいますが、そういう人は例外です。

途方もない才能に恵まれていれば別ですが、多くの選手は何かしらを我慢したり、諦めても、目標に向かって努力する強い意志を持ってプロサッカー選手になるのです。

プロサッカー選手を目指すために

17

サッカー以外のことはすべて我慢する強い意志を持てるか

プロサッカー選手に必要な「リバウンド・メンタリティ」

「プロサッカー選手は、さぞかし、子どものころから天才と呼ばれた逸材ばかりだろう」と思われるかもしれませんが、実はそうではありません。**中学生年代や高校生年代で最も高い評価をされていた選手が、必ずしもプロとして成功しているわけではないのです。**

中《なか》村《むら》俊《しゅん》輔《すけ》は横浜Ｆマリノスのジュニアユースからユースに昇格できませんでした。桐光学園高校へ進学し、高校選手権決勝でもプレーしたことで名が知られるようになり、横浜Ｆマリノスへ入団を果たしていますが、一度は挫折しているのです。

本《ほん》田《だ》圭《けい》佑《すけ》も同様に、ガンバ大阪のユースチームに昇格できず、星陵高校で高校選手権に出場しています。

この２人はＪクラブのジュニアユースから高校を経て、プロになり大成功を収めました。

長友《ながとも》佑都《ゆうと》は東福岡高校時代、地区選抜などに選ばれておらず、進学した明治大学のサッカー部でも負傷でプレーできずに応援席で太鼓を叩いていた時期がありました。注目されるようになったのは明大でレギュラーになってからで、そこからは一気にブレイクして3年時にはFC東京とプロ契約に至っています。

中澤《なかざわ》佑二《ゆうじ》はサッカーの強豪高校ですらない埼玉県立三郷工業高校のサッカー部に在籍していて、最初はレギュラーでもありませんでした。まったく無名の存在です。

そこからブラジル留学を経て、東京ヴェルディに自ら売り込んで練習生として自費で片道2時間かけて通い、最終的にプロ契約しています。

◉トップに上り詰めた選手が同世代で最高の素材ではない理由

ここに例としてあげた選手たちは、いずれも日本代表の中心として活躍しましたが、エリートコースを歩んですんなりとプロになったわけではないのです。

多くの選手はそれぞれに何らかの挫折を経験しています。むしろ、そうしたタイプが多いかもしれません。必ずしも同世代で最高の素材ではなかったのに、プロになってからトップに上り詰めています。

彼らに共通しているのが「リバウンド・メンタリティ」だといわれています。簡単にいえば、**逆境から這い上がる力**です。向上心が強いのは言うまでもありませんが、それ以上にどうやって自分を高めていくかを考える能力です。

例えば、最高で10の力を持つ選手が負傷し、不調に陥ったとします。そのときにありがちな間違いは、いきなり10の状態に戻そうとすることです。すぐに最高の状態に戻るはずがないのに、いきなり戻そうとして戻らず、おかしいなと悩んでしまい、やがて不調から抜け出せなくなる……。

一方で、賢い選手は、まず1を2にすることから考えます。そこから1つずつ足していけば必ず10に戻るからです。

リバウンド・メンタリティの強い人は、思うように物事が進まないときにも冷静に対処できます。

中村俊輔はスペインのエスパニョールに在籍していた時期について「とても良かった」と話していて、その理由が「ことごとくうまくいかなかったから」だと言っていました。

これだけ聞くと矛盾しているようですが、中村にとっては逆境こそが自分の糧になるので、「うまくいかない」状況は大歓迎なのです。それまでも逆境を克服し続けてきたからこその考え方です。

中村俊輔にかぎらず、リバウンド・メンタリティの強烈な選手は皆それぞれに少し変わっています。人とは違う考え方をします。

本田圭佑のメンタリティは「子どものころに培われたもの」だと言っています。考え方の土台になるものが、そのころにできたということでしょう。

何でも手に入る、思うように物事が進む、そういう子ども時代を過ごしていたら、おそらくリバウンド・メンタリティは強くならないのかもしれません。

むしろ、何もかもうまくいかない、何かが欠けている気がする、強い飢餓感がある、そういう子ども時代を過ごした人にこそリバウンド・メンタリティの土台が築かれるようです。

プロサッカー選手を目指すために
18
強いリバウンド・メンタリティを育てる

逆境への耐性というものは幼少時に築かれていく

現在マンチェスター・ユナイテッドに所属し、ベルギー代表でもあるロメル・ルカクの父親はコンゴ共和国からの移民でした。

生活は貧しく、「牛乳を水で薄めて飲んでいた」というエピソードの持ち主です。

母親が牛乳に水を足していたことに気づいた瞬間、ルカクは**「必ずプロになる」**と決意したそうです。

そのとき、まだ6歳でした。

サッカー選手だった父親に「いくつでプロになったのか？」と聞くと、父親が「16歳だ」と答えたので16歳でプロになると決めます。

ところが、その貧しさゆえに唯一の楽しみであったテレビでのサッカー観戦も見られなくなり、やがて電気すら来なくなって真っ暗な部屋で夜を過ごす日々を送ることを余儀なくされました。

ルカクにとって、サッカーは貧しさから脱出する道ですから、それからは**「幼稚園でも公園でも、すべてのサッカーは自分にとって決勝戦になった」**そうです。

ルカクは、幼少時代から大柄な体格でした。

11歳のときにチーム（リエージュ）の遠征試合で相手チームの親からIDの提示を求められたことがあったそうです。

また、黒人だったことで本当にベルギー人なのかも怪しまれたようです。

ルカクの父親は車を持っていなかったので遠征には帯同していませんでした。不審な顔をする相手チームの親たちに、ルカクはバッグからIDを取り出して皆につきつけたそうです。大人たちに11歳の少年が1人で立ち向かわなければならなかった。そのときルカクはこう思ったそうです。

「今から、お前らのガキを殺してやる。今までもそうしてきたけど、今回は完全に破壊してやる。泣いているガキを車に乗せて家へ帰ることになるぞ」

このときのルカクはまだ11歳です。

物騒ではありますが、インタビューに答えて本人がそう言っているので、本当にそう思ったのでしょう。差別や貧困を怒りに変え、怒りを原動力に壁を乗り越えていったのです。

◉18歳で立場が逆転する例はいくらでもある

強いリバウンド・メンタリティの持ち主は、苦難や逆境を乗り越えていきます。

ディエゴ・マラドーナやジネディーヌ・ジダンは天才ですが、彼らの子ども時代には「もっとうまい仲間」がいたそうです。**才能がすべてではないのです。**スタート時点ではより才能のある人が上にいても、18歳になったときには立場が逆転しているという例はいくらでもあります。

強烈なリバウンド・メンタリティも、ある種の才能なのは間違いないでしょう。

本人の性格と周囲の環境がリバウンド・メンタリティを作ります。

差別を受け、貧困にあえぐ環境など、普通は好ましいとはいえない状況をエネルギーに変えている例はたくさんあります。これはサッカーの技術的な能力よりも、手に入れるのが難しい能力かもしれません。

アルゼンチンの英雄の1人、カルロス・テベスの本名はテベスではありません。父親は十数発の弾丸を浴びて撃ち殺され、母親は酒と薬に溺れて育児を放棄します。それを見かねた近所の人が引き取って育てた。引き取った家の名前がテベスだったのです。

廃棄された電化製品や割れたガラス瓶がころがっているグラウンドで、テベス少年は技を磨いてプロになっていきます。足を蹴られるので、シンガード（すね当て）をカカトのほうにも入れていたそうです。

ルカクやテベスのような強烈な少年時代の環境から這い上がったサクセス・ストーリーはボクシングなどによくあります。サッカーの世界にもそうした例は多いですが、**ハングリー精神だけではプロ選手にはなれません**。なぜなら、サッカーは格闘技でも個人競技でもないからです。

チームメートや対戦相手を尊重する気持ちがないとプレーヤーとして大成しません。

ルカクやテベスはリバウンド・メンタリティを築く前からサッカーが大好きでした。好きでうまくなりたいから、さまざまなことを学んでいけたのです。

2人ともストライカーですが、チームのためにしっかりプレーできる選手です。決してエゴイストではないのです。これは周囲のアドバイスをきちんと聞く耳を持っていたからです。

エリートコース一直線にみえるメッシも、前記したとおり身長が伸びない病気と診断されて母国アルゼンチンでは名門クラブのユースチームへの入団を断られました。バルセロナが治療費を負担するという条件で受け入れてくれたので、自分で太ももに注射を刺す治療を続けて今日があります。あれほどの天才にも逆境があったのです。

リバウンド・メンタリティは、「主張力」と「傾聴力」によって成り立っているといわれています。

自己主張の強さと、人の意見に耳を傾けることは矛盾しているようですが、その両方があってこそリバウンド・メンタリティは形成されるのです。

困難に直面したときにも目標を見失わない意志と情熱、同時に状況を判断して打開策を探る冷静さ。その2つが必要だということでしょう。

プロサッカー選手を目指すために

19

主張と傾聴。矛盾する両者を持ってこそ強いメンタルが養われる

CHAPTER 3

プロサッカー選手になるための道すじ

いつからサッカーを始めればいいのか

「子どもが将来プロサッカー選手になるためには、何歳からサッカーを始めればいいのでしょうか？」

こんな質問をいただくことがあります。

実際にプロになった選手たちがサッカーを始めた年齢をみてみると、小学生のうちにはプレーを始めています。

割合でいえば小学2、3年が多く、幼稚園から、中には「物心ついたときにはやっていた」という選手もいます。中学生や高校生から始めたという人はほとんどいません。ゼロといっていいでしょう。

ただし、これはプロサッカー選手にかぎらず、中学や高校でサッカーをやった人の多くは小学生のときもプレーしていたのではないでしょうか。プロになった選手が英才教育的に3歳から始めたというわけではなく、**プロになった人もそうでない人も入口は同じ**ということです。

昔は、中学校にサッカー部がなかったので高校から始めたという人でも日本代表に選出されていましたが、1993年にJリーグが始まったころからは、そういう選手はほとんどいなくなりました。それだけサッカーが普及し、小学生や中学生がプレーできる場が増えているからです。

◉プロを目指すのであれば小学生年代には始めておきたい

スポーツも一種の芸事ですから、始めるのは早ければ早いほどいいでしょう。

ただし、早く始めればそれだけうまくなるかというと、そうでもありません。あとから始めた人でも運動能力やセンスがあれば、3歳からサッカーをしている選手を軽く追い越していきます。しかし、高校から始めて、小学生のときからプレーしている仲間に追いつくのはかなり難しいといえますし、ましてやそこからプロのレベルまで短期間で達するのは到底不可能だといっても過言ではありません。

つまり、何歳から始めなければならないかに決まりはありませんが、**小学生年代には始めないとプロになるのは難しい**ということはいえるかもしれません。

サッカーを始めるといっても、チームに所属することがすべてではありません。

例えば、リバプールのナビ・ケイタは9歳のときに母国ギニアのクラブに入っていますが、サッカーを「教えられた」ことはなく、道ばたで仲間たちと遊んでいたときと変わらなかったそうです。

正規のフィールドで本格的にでプレーを始めたのはフランスのクラブで16歳のときでした。そのときはルールや戦術がよくわかっていなかったそうです。それでもストリート・サッカーで培った技術、体力、メンタルでやがてトッププロに成長していきます。

プロサッカー選手を目指すために

20

プロ選手は小学2、3年生でサッカーを始めたケースが多い

サッカーで遊ぶ楽しさこそが上達の原点

お揃いのユニフォームを着て、コーチがいて、正規のフィールドやゴールがあって、という光景だけがサッカーではありません。

子どもにとってはボロ切れを丸めたボールや石ころのゴールであっても、夢中になって遊んでいれば自然と立派なトレーニングになります。というよりも、子どもにとってサッカーは「遊び」にほかならず、**サッカーで遊ぶ楽しさこそが原点**でしょう。

遠藤《えんどう》保仁《やすひと》は、小学生のときに毎朝登校前に自宅の庭で兄弟たちとミニゲームをしていました。

遠藤家の3兄弟は地元では有名なサッカー少年で、次男（彰弘《あきひろ》）と三男（保仁）はJリーガーになったわけですが、遠藤保仁によると「一番才能があったのは長男」だそうです。

一番年下の遠藤保仁でしたが、「明日は何とか勝ってやろう」と前日の夜から朝のミニゲームを楽しみにしていました。

「遊び」ですから何のプレッシャーもありません。ただ純粋に楽しむ。朝のミニゲームがあるので、起きるのも全然辛くなかったそうです。

その体験から、「サッカーは楽しい」という考え方が根づいたようです。

中学や高校の部活で、あるいはプロになってからも、苦しい練習や理不尽なことはたくさんあったと思いますが、「サッカーは楽しい」という遠藤の姿勢は一貫していました。試合はいつも楽しみで、プロとしてのプレッシャーはあっても**「楽しいほうが勝っている状態」**だそうです。

遠藤のように、小学生のときは「いかにサッカーを楽しむか」がすべてのような気さえします。

どんな練習をするか、どんなチームに入るかというよりも、根本的にはサッカーをとことん楽しむことができればベストではないでしょうか。

どれくらいサッカーが「好き」かは、その選手が上達していくための原動力になります。

まさに「好きこそ物の上手なれ」です。

◉サッカーをするのも見るのも好き――ルカクの原点

先に述べた、ベルギー代表のロメル・ルカクのように、子どものころの貧しさや差別への怒りを向上心に変えてプロになった人もいます。

ただし、「怒り」だけでは現在のルカクにはなっていないはずです。

6歳で「プロになる」と決意し、それ以後は公園のミニゲームでも「決勝戦」のつもりで全力でプレーしたそうです。

なぜ家のケーブルテレビは映らなくなったのか、なぜ家にはゲーム機がないのか、なぜ電気も来なくなって夜は真っ暗なのか……。ルカクが「プロになる」と決意したのはこうした疑問や怒りからです。

それでも、6歳でプロになる決意をする以前からサッカーが大好きでした。

だからケーブルテレビの契約を解約してチャンピオンズリーグが見られないことに怒っていたわけです。

「怒り」だけだったら、ボクシングのチャンピオンにはなれたかもしれませんが、サッカーのスターにはなれなかったでしょう。

サッカーはチームスポーツであり、相手に勝つ、打ちのめすことがすべてではないからです。**勝つためにはチームメートと協調しなくてはならず、自分が目立つことだけ考えていたらプロにはなれません。**

サッカーを「好き」だったことがルカクの原点だったはずです。

プロサッカー選手を目指すために
21

楽しくて大好きだからこそ熱中してどんどん上達する

小学生年代は、どこでプレーすべきか？

「心の底からサッカーを楽しめるならプレーする場所はどこでもいい！」

……と言いたいところですが、プロを目指すなら現実にはそう言い切ることはできません。というより、そういう環境になっていないのです。

ストリート・サッカーからスーパースターが生まれるサクセス・ストーリーをよく耳にすることがあるかもしれませんが、それは世界でも一部の国や地域を除けば終わっています。

もちろん、日本でも同様です。

実際のところ、中学生になる直前の12歳の段階で才能のある選手はほとんどスカウトの知るところになっているからです。

今の時代、才能のある子がいるのに誰も知らないという状況ではなくなっています。ですから、小学校を卒業する段階でプロを目指せる才能の持ち主は、どこからかは勧誘を受けることになります。

12歳の段階でまったく無名の選手が、将来プロになり代表選手になるというケースは、現状ではほぼゼロといっていいでしょう。有能な選手は何らかの形で勧誘され、中学生年代にはＪリーグの下部組織や強豪街クラブに入る仕組みができあがっているのです。

小学生年代でサッカーを始める人のほとんどは、地元の**街クラブ**に所属します。

小学校にサッカー部がある学校も存在するかもしれませんが、この年代でメインになっているのは街クラブです。街クラブ以外では、**Ｊリーグのジュニアチーム**があります。Ｊリーグの規定で、Ｊクラブはジュニアチーム（小学生年代）を持つことが義務づけられています。

ところが、Ｊクラブの名のついたジュニアがすべてジュニアユース（中学生年代）に直結しているわけではありません。ジュニアに関しては、「スクール」という形でチームを持っているクラブもあります。

また、ジュニアユースに直結するジュニアチームとスクールの両方がある場合もあります。

スクールに関しては、強化よりも普及が目的です。

平たくいえばクラブにとってのビジネスであって、スクール生からお金をとって指導を行っています。指導者はクラブに所属するコーチですし、トップと同じユニフォームを着てプレーできるなどのメリットはありますが、プロ選手の育成というよりファンの拡大が目的といっていいでしょう。

たとえJリーグのチーム名がついているからといって、すべてがトップまでつながっているわけではないのです。ここは勘違いしやすいので気をつけたほうがいいでしょう。

◉プロになるための最短ルート

プロを目指すのなら、ジュニアユースに直結しているジュニアチームか、スクールでもジュニアユースへ編入できるジュニアチームを選びましょう。

Jクラブのジュニアからジュニアユース、ユースという道すじは、いわばプロになるための最短ルートです。

とはいえ、Jクラブのジュニアに入ったからといってプロになれるわけではありません。

ジュニアユースに上がる段階で街クラブから入ってくる選手がいて、さらにユースへ上がる段階でも厳しい競争があります。

本田圭佑《ほんだけいすけ》や中村俊輔《なかむらしゅんすけ》でも、ジュニアユースからユースへ昇格できなかったくらいです。本田や中村のように、高校を経由してプロになる例もあります。つまり、プロになる道は1つではないのです。

ただ、Jクラブのジュニアでプレーしていれば、同じクラブのジュニアユースの指導者にも自然と情報は入りますから、それだけ上のカテゴリーの指導者の目に触れる機会が多くなります。その点でプロになる道すじはいろいろあっても、Jクラブのジュニアは真っすぐなルートになります。

もちろん、Jクラブ以外の街クラブでプレーしていても、スカウトは情報を持っているはずなので、ジュニアユースからJクラブの下部組織でプレーできるチャンスは十分あるでしょう。

しかし、中学のサッカー部からJクラブのユースとなると、かなり限られてきます。なぜなら、もうその時点で選手としての評価の見極めはほぼついている段階だからです。

つまり、**プロになるにはＪクラブのジュニアユースに所属していないと間口はかなり狭くなる。**小学生年代ではＪの下部組織でも街クラブでもいいと思いますが、小学校を卒業する段階でプロになれるか否かの選別があるわけです。

プロサッカー選手を目指すために

22

Ｊクラブのジュニアユースに入るのがプロへの最短ルート

中学生年代は、どこでプレーすべきか？

中学生年代では**街クラブ、Ｊクラブのジュニアユース、中学校サッカー部の３つの選択肢**があります。

ただし、前記したように中学校のサッカー部でプレーした選手がプロになるケースはかなり少なくなっています。

この時点で全国大会に出場するような強豪の街クラブか、Ｊクラブのジュニアユースに所属していることがプロになるための道すじです。

中学校へ上がる12歳でプロになれないと決まってしまうのは、早すぎると思われるかもしれません。

しかし、身体的にも神経系はこの時期にほぼできあがっているので、少なくともボールテクニックや身のこなしに関しては大人と同じことができても不思議ではないのです。

将来、体格がどうなるか、フィジカル能力がどこまで伸びるかは、この時点ではまだはっきりしませんが、プレーヤーとしての才能はある程度見極めがつくといっていいからです。

◉トレーニングを本格的に強化するタイミング

ところで皆さんは、**「1万時間の法則」**をご存じでしょうか。

どんなことでも1万時間をかければプロ級のレベルに達するといわれる成功哲学で、イギリスのマルコム・グラッドウェル氏が提唱しました。

この1万時間という数字に科学的根拠があるかどうかはさておき、毎日2時間休みなくサッカーの練習をしたとして、1万時間を経過させるには13年と100日あまりかかる計算になります。

ただ、実際に12歳から本格的なトレーニングを開始して、25歳でピークを迎えることになることを考えれば、この法則はだいたい当たっている気はします。

いずれにしても、中学生年代から本格的なトレーニングが始まります。

ボールを止める、蹴る、運ぶといった基礎になる技術を習得するとともに、体力面でも強化を図ります。

15、16歳くらいからは適性に合わせてポジションが決まってきますから、ポジション別の個人練習も行われるでしょう。

中学生年代は**持って生まれた才能を磨き、プロサッカー選手としての才能を開花させる極めて重要な時期**になるのです。

プロサッカー選手を目指すために

23

中学生になったらプロを意識した本格的なトレーニングに取り組もう

高校生年代は、どこでプレーすべきか？

高校生年代は、**Ｊクラブのユースか強豪高校かという二択**になります。

街クラブもありますが、数そのものが少ないといえます。

この時期にＵ－17、Ｕ－20日本代表などに選出されていれば、プロ入りの可能性は極めて大きくなります。

少なくとも地域選抜に選ばれていないと厳しいと思いますが、長《なが》友《とも》佑《ゆう》都《と》は県選抜に選ばれていなかったのに、大学サッカー部で頭角を表して卒業を待たずにＦＣ東京とプロ契約しています。

その後、五輪代表にも選ばれ、すぐに日本代表にも入りました。

ただし、長友も強豪の東福岡高校に所属していました。

高校生年代でＪユースでも強豪高校でもないチームでプレーしていて、プロになれた選手

としては中澤佑二《なかざわゆうじ》がいますが、例外中の例外といっていいでしょう。

◉目指すのは強豪高校か？　それともＪユースか？

この年代に関しては、中学生年代のように学校サッカー部ではプロになれないということはありません。

むしろ、強豪高校出身のプロ選手のほうが、数のうえでは多くなっています。

もちろんチーム数がＪクラブより多いのでそうなっているのですが、日本代表選手も強豪高校出身者のほうが多いのです。

岡崎慎司《おかざきしんじ》（滝川第二高校）、本田圭佑《ほんだけいすけ》（星陵高校）、乾貴士《いぬいたかし》（野洲高校）、柴崎岳《しばさきがく》（青森山田高校）など、ロシアワールドカップのメンバー23人中、12人が高校サッカー部の出身でした。

クラブユース出身は、宇佐美貴史《うさみたかし》（ガンバ大阪ユース）、原口元気《はらぐちげんき》（浦和レッズユース）など11人。割合はほぼ半々です。

香川真司はＦＣみやぎバルセロナユースで街クラブ出身です。

香川のケースは例外的で、高校2年のときにはすでにセレッソ大阪とプロ契約しています。つまり、高校生の段階でプロになってしまったわけです。

高校生Jリーガーは、それまでも稲本潤一《いなもとじゅんいち》（ガンバ大阪）と柿谷曜一朗《かきたにようういちろう》（セレッソ大阪）がいましたが、いずれも下部組織にいてプロ契約しています。香川のように街クラブから高校生年代でプロ契約は非常にまれというか、この一例しかありません。

日本代表における高校出身者とクラブ出身者の割合は、クラブが増えていく傾向にあります。

初出場の1998年フランス大会でクラブ出身は1人だけ、それもブラジルから帰化した呂比須《ロペス》ワグナー（サンパウロFC）ですから実質的にゼロでした。

ところが、次の2002年大会にはクラブ出身者が5人に増え、2006年も5人。2010年は4人でしたが2014年は10人と急増し、2018年は12人でした。おそらくJクラブ出身者は今後増えることはあっても減ることはないと考えられます。

もともと高校サッカー部とJユースでは数が違います。

選手を生み出す母数に圧倒的な差があるわけで、代表選手の約半分がJクラブ出身という輩出率は、逆に考えれば非常に高いといえるのかもしれません。Jユースの数も増えていますから、今後も代表選手を生み出していくでしょう。

では、多くの親御さんの悩みどころである、「強豪高校？　それともＪユース？」という質問ですが、**高校生年代の選択の優先順位からいえば、まずＪクラブのユースチーム**になります。

ただし、ジュニアユースからユースへの昇格ができなかった場合などは、中村や本田のように強豪高校を選択するのがセオリーです。

いずれにせよ、どちらかに所属していなければ、プロになるのは厳しいと考えていいでしょう。

プロサッカー選手を目指すために

24

高校生年代の優先順位は①Ｊユース、②強豪高校

大学で実力をつけて大成する遅咲きの大卒選手

2017年の数字ですが、J1クラブが契約した高卒選手は14人、J2は9人、J3は1人でした。J3の場合はプロ契約選手が5人いればいいので、プロ選手自体が少なめです。

では、大卒はどうでしょうか。

J1で13人、J2は29人、J3も19人でした。**J2とJ3に関しては、大卒が高卒を大きく上回っている**わけですが、これは何を意味しているのでしょうか。

プロ契約にはA、B、Cの3種類の形があります。

新入団選手の多くはC契約で年俸の上限は480万円と定められています。

また、C契約選手は最低限の出場時間が定められていて、それを超えないとC契約は3年間で打ち切りになります。J1は450分間、J2は900分間です。C契約は3年間なので、それ以降はA契約ないしはB契約に移行しなければなりません。つまり、プロ契約しても3年間で結果を出さないとクビになってしまう可能性があるのです。

ところで、**C契約には年俸の上限が定められている一方で下限はありません。**これがJ2とJ3で大卒選手が多い1つの理由と考えられます。

Jユース出身選手や高卒ルーキーは、いわばエリートです。C契約とはいえ、上限480万円で契約するケースが多いでしょう。

一方、大卒選手の場合は年俸を安くして契約することができます。大学へ進学した時点で、高卒では良い条件で契約できなかった選手である可能性が高いからです。

エリートのJユース出身選手や高卒選手よりも大卒選手のほうが安い年俸で契約できるわけです。年齢も22歳ですから、大卒選手は即戦力です。すぐ試合に起用できて給料も安い、J2やJ3で大卒選手が多いのはそういう理由があるようです。

◉高校サッカーからフィジカル面の問題でプロになれないケースも

高卒時点ではプロ契約の対象にならなかった選手でも、大学で実力をつけて大成するケースは意外に多くあります。

長友佑都《ながともゆうと》は東福岡高校のときは無名選手でしたが、明治大学で頭角を表して在学中にＦＣ東京と契約しています。

中村憲剛《なかむらけんご》は都立久留米高校を卒業して中央大学へ進学、テスト生として川崎フロンターレと契約しました。

中村の場合は、強豪高校の出身ですらありません。

中央大学にはスポーツ推薦枠で入学していますが、その時点では無名に近い存在でした。

小林悠《こばやしゆう》は川崎ユースのセレクション（選考会）に落選して麻布大学付属高校へ進学、高校選手権でもプレーしました。

ただし、高校時代はＭＦでプレーしましたが、拓殖大学へ進学してからＦＷとして開花し、在学中に水戸ホーリーホックに特別指定選手として1シーズンプレー、大学卒業後に川崎フロンターレと契約しています。

大卒選手はポジション別に分けるとＤＦが多い傾向があります。

これは高校卒業の時点では成長が続いていて、大学在学中に体が大きくなってフィジカルが強くなりＤＦとして完成することが多いからでしょう。

ただし、中村憲剛や小林悠のようにMFやFWでも大学時に大きく伸びてプロ契約に至ることもあります。ちなみに、中村と小林はともにJ1のMVPを受賞するほどのJリーグを代表する選手になっています。

ヨーロッパ、南米、アフリカの選手に比べると、日本の選手は高卒時点では成長途中で体ができていない傾向があります。

つまり、プロ入りの目安である18歳時点では判断がつかない遅咲きの選手もかなりいると考えられます。それも大卒選手が多い理由でしょう。ヨーロッパや南米で大卒の選手はほとんどいません。大学もサッカーとは関係なく入っています。

このようなことからも、高校卒業時点ではプロ入りできなくても大学サッカー部でプレーを続けることでセカンド・チャンスがあるということです。

在学中に実力が認められれば、在学しながら特別指定選手としてJリーグでプレーすることも可能です。

プロ契約できるほどの選手は、だいたい大学3年の時点で特別指定を受けるなど、すでにプロとしてプレーできる実力に達しているケースが多いわけです。遅咲きといっても20、21

歳でプロ契約できる力があるのですから、大学4年間は少し長いのかもしれません。

大学進学は、もしプロ契約できずに就職することを考えても高卒より有利ですから、高卒でプロ契約せずに大学へ進学する選択は「あり」だと思います。

高卒でC契約なら、3年間で結果を出さなければ21歳で契約を解消されてしまうかもしれないのですから、その3年間を大学で実力を養ってから即戦力としてプロ契約したほうがむしろ安全かもしれません。

ただし、これは本人の意向と実力次第なので何ともいえませんが、大学進学は日本の場合、まだプロ入りの可能性が十分残っている選択肢といえるのです。

プロサッカー選手を目指すために

25 高校からプロではなく大学進学という選択もある

【特別収録】

大豆土《まめど》ＦＣ 末本亮太コーチインタビュー

この章の締めくくりとして、ジュニアとジュニアユースの育成に携わっている指導者のインタビューを加えたいと思います。今回取材の協力をしてくださったのは、神奈川県横浜市港北区で活動しているＮＰＯ大豆土《まめど》ＦＣの末本亮太コーチです。

横浜市出身、ジュニアとジュニアユースの指導に長く携わってきたコーチで、大豆土ＦＣは「楽しそう」「ゆるい指導なのに強い」と高い評価を受けている街クラブです。

もちろん、Ｊリーガーも輩出しています。

プロサッカー選手を目指す子どもを持つ親は何を知るべきか、ジュニア、ジュニアユースの実態はどうなっているかなどをくわしく聞きましたので、ぜひ参考にしてください。

ジュニアのピラミッドは三層構造

――大豆土はジュニアとジュニアユースのカテゴリーがあります。多くの子どもたちはジュニア（小学生年代）からチームに入ってサッカーを始めると思いますが、子どもをプロにしたいと考えている親はどういうことに気をつければいいでしょうか。

末本　ジュニアチームには主に3種類あります。地元のボランティアによる少年団、我々のようなスポーツクラブ、Jクラブのアカデミーの3つです。それぞれ特徴があるので、ある程度情報を持ったうえで選択されるのがいいと思います。

プロ選手まで考えているなら、少年団では考え方にギャップが出てくるかもしれません。今はSNSなどでどういうチームなのかを確認できますし、実際に知ったうえで入ってくるケースが多くなっています。

――少年団とスポーツクラブにはどんな違いがあるのですか。

末本　我々も少年団も「街クラブ」という括《くく》りになるのですが、違いは会費と環境になります。会費はスポーツクラブのほうが高いです。そのぶん指導者はプロですし、試合数などの環境も違います。シンプルなのは近所の少年団だと思います。

ただ、入った後にギャップを感じて、それからいろいろ調べてからウチへ移籍してくる方も多いです。今は入ってから移籍することもできますけど、できれば最初から合ったクラブを選択したほうがいいですよね。マッチングを知っておかないと、ギャップは必ず起こりますから。プロを目指すなら、少年団に入ると過度な期待をしてしまうことになってしまいます。どれがいいというより、それぞれ特徴が違いますから、合ったところを選ぶことが大事ですね。

⚽大切な親子の距離感

――大豆土はプロ選手も輩出されています。プロになる子どもの親御さんには何か共通点などありましたか。

末本　親子の距離感がいいと思います。

横浜Fマリノスから声がかかった子がいたのですが、そのときはその子が大豆土で続けたいという意見を持っていて、親も子どもの意見を尊重して移籍しませんでした。

あと、ある女子選手で男子と一緒にプレーするのが難しくなった時期に、親が女子チームに移ったらどうかと提案して移籍してうまくいった例もあります。それまでは見守る感じでしたが、ここぞというタイミングで選択肢を与えていました。子どもが迷っているタイミングで選択肢を出してきて、我々とも相談のうえで移籍しています。

小川航基《おがわこうき》（ジュビロ磐田）の場合は、小学生のときけっこう太っていたんですよ。それで親が捕食に雑穀米を取り入れるなど気をつけていました。そうしたら中学でシュッとなった。こういうのは親だからこそできることですね。ただ、親と子どもの関わり方はそれこそ十人十色というところはあります。

山口竜弥《やまぐちたつや》（ガンバ大阪）の親御さんは、指導法などにも様々な意見を述べることで有名でした。我々からすると、プロ入りを目指しているということを踏まえると、親の行動としては正直NGのケースなのですが、彼はプロになっています。

我々は「ちょっと抑えてください」とお願いすることもあったのですが、彼はそういう親の関わり方を別に嫌がってはいませんでしたし、萎縮することもありませんでした。ですから、いちがいには言えないんです。タツヤ（山口選手）のケースは、我々からすると「プロになれない」という方程式をひっくり返されましたから。

それぞれの家庭で、親と子の関係性があります。ただ、コーチと一緒に育てていこうという意識は大事だと思います。

――まあ、自分の子どもに関しては親こそスペシャリストですからね。

末本　まさにそうです。コウキ（小川選手）は意識が高くて、中3で大会が終わって練習が緩《ゆる》くなる時期にも一切妥協がなかったのを覚えています。1人だけモチベーションが違う感じでした。タツヤ（山口選手）もサッカーが大好きで、どんな試合でも一生懸命でしたね。プロになった子は本人の取り組み方が違っていました。

――プロになった選手はジュニアの段階から飛び抜けているものでしょうか。

末本　フィジカル系の選手はそうですね。高木三兄弟（俊幸＝セレッソ大阪、善朗＝アルビレックス新潟、大輔＝レノファ山口）なんか、倍速で動いているように見えましたよ。僕と同級生だった中村俊輔《なかむらしゅんすけ》は小さかったけど、テクニックはずば抜けていました。

でも、ジュニアのときにすごいと思っても消えてしまった選手もたくさんいます。フィジカル系の子はわかりやすいですけど、そうでないとジュニア段階ではわからないかもしれませんね。小川航基も、僕は彼がプロになるとは思っていませんでした。山口竜弥はゴリゴリのフィジカル系だったので、このまま行くんだろうなという感じはありましたが。

――ジュニアユース年代に上がる段階で、プロを目指す選手とそうでない選手の選別が行われています。ただ、ジュニア段階では才能がわかりにくい子もいる。とはいえ、現状で公立中学校からプロになる選手はほとんどいなくなった。判別はかなりしっかりとされているということでしょうか。それとも見逃

された才能が良い環境へ行けなかったことで成長が止まってしまうということでしょうか。

末本　僕の知るかぎりで中学の部活からプロになった子はいませんね。すごいなと思った子はある程度、上には行っています。ジュニアの段階で普通だったけどプロになったという子もいません。今はジュニアユースも1〜4部まで分かれていてヒエラルキーがしっかりできています。能力の高い子は上の層に吸い上げられる形はできています。

——なるほど、才能の取りこぼしが起きる可能性はあまりないわけですね。ジュニアユースに上がるときにはセレクションがありますが、その基準は何でしょうか。

末本　神奈川県でいえば、ピラミッドの一番上がJクラブのジュニアユースです。横浜Fマリノス、川崎フロンターレ、湘南ベルマーレ、横浜FCですね。プロを目指す子は、まずJのジュニアユースのセレクションを受けます。フィジカル、テクニック、アジリティ（敏しょう性）が重視され、骨濃度を測定して将来どれくらい身長が伸びるかも考慮されます。

その下の階層にいる、ウチのような街クラブはJクラブのセレクションで受からなかった子や、わりと普通の子が来ていますが、その中でも長けているものを持っているかどうかをセレクションで見ています。

総合的にすべて秀《ひい》でていなくても、キックがいい、判断力に関しては優れているといった長所を持っているかどうかですね。その中から大豆土はプロ選手を2人輩出していますが、Jクラブからすると見落とした才能ということになります。

ただ、街クラブからプロになる選手はいても、ピラミッドの底辺になる中学の部活からプロになるのは「ない」といっていいでしょう。奇跡に近いと思います。

——日本代表選手でも、長谷部誠《はせべまこと》や岡崎慎司《おかざきしんじ》などは中学のサッカー部出身です。ただ、現在はもう中学部活からプロ選手が出ていくケースはほぼない。

末本　それだけ組織の数が増えてきて、見逃される選手は減っていますから。ただ、子どもがどのレベルなのかを判断してレベルにあった場所でプレーするのがいいと思いますよ。無理に上を狙うばかりではなく、試合に出られるチームから始めていけばいい。うまくなれば引き上げられる流れは整っているからです。

競争がないJジュニアユースの問題

——ジュニアユース年代の底辺層（中学部活）からは無理としても、中間層の街クラブからは実際にプロ選手が何人も誕生しています。逆にいえば、Jクラブのジュニアユースに入った選手が途中で追い抜かれてしまっている。これはもともとの能力の見極めが違っていたのか、それともその後の伸び方が要因な

のでしょうか。

末本　横浜Fマリノスのジュニアユースが15人くらいに対して、ウチは30人が在籍しています。単純に30人のほうに競争があります。15人だと全員が試合に出られますし、その中でのヒエラルキーもはっきりしてきますから、レギュラーが安泰の子は心に余裕が出てくる。それが甘さにつながっているのかもしれません。

――ジュニアユースの3年間は選手の入れ替えがないんですよね。

末本　本来なら1年契約なのでしょうけど3年間は固定ですね。だから競争がない。競争がないので突き抜けない。ジュニアのときによく見ていた選手が、ジュニアユースのときに見ると伸びていない。え、これしか上がらなかったの？　というケースは実際にけっこうあります。それだとユースの段階で高校サッカー部の子に抜かれてしまいます。

――せっかく才能のある選手を集めても、3年間競争がなければ成長が止まってしまう恐れもあると。人材に流動性がないのは問題ですね。

末本　制度として入れ替えはできるのですが、以前の考え方がまだ残っていて、ジュニアの段階でもチーム間の移籍を嫌がる人はいます。かつてはタブーでしたからね。ジュニアなら6年、ジュニアユースなら3年間は「添い遂げるんだ」というのが普通でしたから。

——レベルに合った場所でプレーするのは選手にとっても良いことのように思えるのですが、どうして移籍を嫌がるのでしょうか。

末本　自分のところの選手をとられるのが嫌なんでしょう。まだまだそういう抵抗感は根強くあります。村社会ですね。クラブ間の移籍は制度的にはOKになりつつありますけど、それでも皆さん嫌がります。

——チームのヒエラルキーがしっかりしてきたのはいいのですが、そうなると次に必要なのは人材の流動性だと思います。クラブ、学校部活を問わず、選手が自由にそのときのレベルに合わせて移籍できるようにするのが理想ではないかと。中学・高校生年代で選手の力量は変わりますし、実力に合わせた環境でプレーすることが選手のためにもなるからです。下から上への吸い上げだけでなく、上から下へも、あるいは一時的な移動もできたらいいのかなと思います。

末本　まさにそうなのですが、現状では抱え込んでしまっていますね。プロはシーズンの途中でも移籍しているのですけどね。大会のレギュレーションもあるので完全に自由にはならないにしても流動化は必要だと思います。

個性は環境で伸ばす

――話は変わりますが、現場で教えられていて選手に「同調圧力」を感じることはありますか。というのも、日本は同調性の強い社会だと思うからです。同調性はサッカーにとって良い面も多いのですが、弱点になることもあります。

例えば、試合途中で監督の指示と違うことができるかどうか。試合前の作戦だと明らかにうまくいかないと選手が感じたときに、選手間でやり方を変えられるか。日本の選手にとっては苦手な部分だと思います。相手を見て、自分たちで考えて行動を起こすというところですね。

末本 同調圧力、あります。小学3、4年生くらいで相対化して考えられるようになるので、周囲の様子を見て、「これやったらダメなのかな」と意識するようになります。そのときに皆と同じようにしろと大人が要求してしまうと、ありきたりのプレーしかしないチームになってしまいます。

子どもが9歳、10歳のときに周囲にどういう大人がいるかが大事ですね。子どもに少し違うところがあっても、「いいじゃん」と認めることが大事。例えば、プレー中に子ども同士でケンカします。フィールドの外ではダメですけど、サッカーなら仲直りすればOK

です。

ジュニアユースに行くと、ソックスを上げろ、髪の毛は黒じゃないとダメとか、何かと抑圧されてきます。なので、それに順応する必要もあるのですが、周囲に合わせるばかりではつまらない。その点、関西はちょっと違うようですけどね。

――関西はどうなんですか。

末本　試合に負けても「これやってやった」と言う子が多い。例えば、「股抜き」を何回成功させたかとか。ああいう中から宇佐美貴史《うさみたかし》や柿谷曜一朗《かきたによういちろう》が出てくるんでしょうね。関東からは出てこないと思います。関東は長谷部みたいなバランス型は出てくるんですけど。関西のＦＷは守備をやらない。攻撃と守備がわりとはっきり分かれています。

関東のチームは攻撃も守備もという傾向がありますが、関西はまず個という感じがあります。関西には関西風の同調性があるということかもしれませんが、関東とは文化の違いを感じます。地方に行くと僕らも見方が広がります。

――中学生、高校生の年代へ進むに従ってサッカーでも学校生活でも制限が加わる。それに順応する必要もあるわけですが、まだ制限が少ないジュニア年代はどういう教え方になるのですか。例えば、ドリブルが好きでドリブルばかりする子をどう指導しますか。

末本　ドリブルばかりでは中学生になって通用しないと話しても、たぶんその時点では本人には伝わらないと思います。

ドリブルが得意ならサイドに起用しますね。その子がボールを持ったときは、あえてサポートしないで勝負させます。その選手の個性をチームで認めてあげる。同時に、ドリブルだけでは通用しなくなりますから、2タッチ以内でプレーする練習の中で気づかせる。あるいはドリブルで簡単に抜けないような状況を作ってあげる。そこで本人も気づきますから、そのときはこちらの話も聞いてくれます。

ドリブルが得意な子は感覚派が多いので、話すだけではわからないです。関西なんかだとドリブルだけでいいという指導もありますが、僕らはフットボーラーとしてどこでもやれることを考えています。

とはいえ、まず小学生年代は個性を見つけて伸ばす環境を作りたい。

⚽忙しすぎるジュニア年代

――ジュニアを指導していて今、気になっていることはありますか。

末本　サッカーをやりすぎる子がいます。週7回というケースもあるんです。小学2年生ですよ。親とコミュニケーションをとって、こちらの考えを伝えますが、クラブのほうであえて休みを作らないといけない状況になってきています。週7回でやり続けたら12歳で燃え尽きてしまいますからね。

サッカーしかできない体になっている子もいます。足下のボール扱いはうまいのですが、跳んだりターンしたりといった普通の動作ができない。

――今の子どもたちは「サッカーを習う」と言いますよね。サッカーが習い事になってしまっている。

末本　ウチの子たちも「習う」と言います。ふらっと外に出てサッカーをやる環境がないんです。予定も詰まっている。子ども同士が遊びでサッカーをする環境がないのは確かで、もうこれは否定しても仕方がない。遊んでいる仲間が集まってきて、じゃあサッカーやろうという雰囲気を作るようにしています。子どもが受け身にならないような環境作りを考えています。

――私たちが子どものときは野球がメインでしたが、実は1チーム9人揃えて野球をやった記憶がほとんどないんです。正式な野球ではなくて、野球っぽい遊びばかりやっていました。1人が壁にボールをぶつけてはね返ったボールを他の子がとる、そしてまた壁にぶつける。エラーした人は外れていって最後は1対1で勝者を決める。「カドぶつけ」と呼んでいました。他には同じようなルールの「フライとり」とかね。自分たちで勝手にルールを作って遊んでいた。よくわからないのですが、遊びの中で身につけられるものはあったように思います。

末本　それは本当にそうで、コーチがすべてオーガナイズしてしまうと自由な発想は育ちません。コーチがいないと何も始まらないという傾向はありますね。コーチ自身にもそういうところはあって、指導者講習会でも質問が出なかったり。だからオシムさんに「コーチがそうだから選手にヒラメキがない」と言われてしまう（笑）。

不安定なジュニアユース年代

――ジュニアユースについてはどのような指導が重要ですか。

末本　中学生年代は非常に不安定になる時期です。家庭、学校生活、進路、異性との関係など、自我が出てくる時期ですから。サッカーよりもそちらのほうが重要かもしれません。

――中2病とか反抗期の時期ですものね。

末本　親と子の関係だけだと消化しきれなくなってきます。コーチはサッカーでのつき合いで関係の近さもありますから、選手の兄貴的な存在でいられると救われるところがあります。選手はサッカーに関してのリスペクトがコーチに対してはあるので、問題があったときにコーチが助け船を出せる。実際、登校拒否になった選手と学校との間に入ったり、サッカーよりそっちのほうが多いくらいです。

――反抗期インストラクターですね。

末本　パフォーマンスがガタ落ちする、親とコーチが揉めて辞めてしまう、といったことが起こりがちな年代です。小学生のころと比べるとサッカー以外をケアする時間が増えますね。LINEでマメにつながるなど、選手とはコンタクトを切らさないようにしています。

――サッカーに関してはいかがですか。

末本　体の成長速度に個人差があります。全員同じではなくて、それぞれに合ったものを提供していくことが大事になります。

――プロのセンターバックでプレーしている選手には、途中でFWやMFからコンバートされた人が多い。中学くらいでは身長が伸びきっていない、体もできあがっていないことが多いので、中学生年代では適

性がわかりにくいポジションだと思いますけど、そのあたりはどう見ていますか。

末本　センターバックはチームのプレーモデルによって左右されるところがあります。我々もプレーモデルありきで選んでいます。後方からしっかりビルドアップすることを重視すると、センターバックには技術のしっかりした選手が優先になります。

ただ、高校生年代では体格的に難しいかもしれない場合もありますから、そのときは他のポジションも経験させています。中学生年代で適性のポジションを見つけるのは難しいところがあって、例えば、小川航基はボランチでした。キックは当時からうまかったのですが、ＦＷになったのは高校からです。これは我々も見抜けなかったということです。

ただ、街クラブは次にどこのチームでプレーするかわからないので、ポジションはあまり固めすぎないほうがいいと考えています。

高校選手権のブランド力と功罪

――大豆土ＦＣはジュニアとジュニアユースですが、ユースについてもいろいろと事情はご存じですよね。ユースの指導に関してはいかがでしょう。

末本　かなり極端に分かれると思います。高校のマンモス校だと、サッカー部員が１００人もいます。先生に名前を覚えてもらえないまま3年間が終わるケースすらあります。子どもはサッカー名門高校に行きたがりますが、僕らは県立のレギュラーでプレーしたほうがいいんじゃないかとアドバイスすることはよくあります。それでもブランド力があるので。

――高校選手権でプレーしたいということですかね。

末本　それはものすごくあります。Ｊクラブのユースから声がかかっているのに「選手権に出たい」と言って高校サッカー部を選ぶ子がいますからね。

――いまだにそうなんですか。高円宮杯があるので、もう高校選手権は役割を終えたと思うのですけどね。

末本　いえいえ、まだまだブランド力はすごいです。高円宮杯の認知は低い。そこはメディアの罪というか、高校選手権と全少（全国少年サッカー大会）がなくなると、たぶんサッカーは大きく変わると思います。

――これは私見ですが、高校選手権はやらなくていいんじゃないかと思っています。クラブと学校を問わず、その年代のナンバーワンを決める大会がすでにあるのに、それぞれのカテゴリーで全国大会をやる意味はないでしょう。高校サッカー部から多くのプロ選手を輩出しているのは事実ですが、そもそもクラブチームと比べると分母が大きいわけで。

末本　18人体制でやっている高校もありますが、100人も部員がいれば試合に出られない、プレーできない選手もいる。学校のブランド力で集まった選手にはうまい子もたくさんいるので、プレー機会があればBチームから伸びてくる選手もいると思うのですが。全少も8人制になって、勝ちたいから選手交代をしないチームが増えました。そうすると毎週、ベンチでヒザを抱えて下を向いている子が続出しています。もうサッカーはいいや、と中学では辞めてしまいます。

――それはまたせつないですね。

末本　小6で2チーム出られるようにすれば理想ですが、そうなると今度はグラウンド不足の問題が出てきます。ウチは32人を2チームに分けて毎週試合があります。コーチも分けて対応していますが、チーム分けするとグラウンドを押さえられないケースは出てくるでしょうね。

――グラウンド不足はありますよね。学校や企業は持っているのですけどね。

末本　ハードの問題は大きいです。学校は何かあったら責任問題になるので貸したがらない。有料グラウンドの取り合いになっています。学校は遊具なども使わせないようにテープでガチガチに固めていますから。

ＪＦＡが「学校のグラウンドは押さえたから使っていいよ。責任は全部使用者側がとってね」とやってくれれば、「ありがとうございます！」となるのですが、なかなか抜本的な改革ができるかどうか。それこそ僕が生きているうちにできるかどうかでしょうね。

――日本の育成環境は学校との関係をどう整理するかにかかっているところがあると思います。サッカーの都合と学校の都合が違うからです。

例えば、真夏の昼間に高校総体をやらなければならないのは学校が夏休みだから。これは学校の都合で、サッカーにとって都合がいいことは何もありません。中学・高校が3年区切りなのもサッカーとは関係がない。それで長くやってきているので気がつかないのですが、サッカーの都合で仕組みができているヨーロッパと比べると不都合な面がたくさん残っている。しかし、それを変えるとなると、おっしゃるとおり抜本改革なので簡単ではないわけですね。

末本　毎週末、サッカーを楽しめる環境が日本中にあるのが理想です。ベンチで悔しさを学ぶよりもプレーしたほうがいいですよ。

しかし、小学生に高校生と同じことを求めている現状があります。試合が終わって、相手チームがあいさつに来るじゃないですが。ずっとベンチに座っていただけの子も来る。もうその子は顔が死んでるんですよ。悲しすぎます。勝った負けたなんて、ある意味どうでもいいことで、楽しかった！　というプレー環境を作りたいと思います。

――最後にまとめで、子どもをプロにしたい親に伝えたいことは何でしょうか。

末本　客観的になるというか、夢中になりすぎないほうがいいと思います。周囲の子どもたちと一緒に成長していくのが大事。大人も含め、グループで良くなるように楽しんでいく。結果、わが子が良くなればいいという姿勢ですね。

もしプロになれなくても、楽しかった良かったと思えるように。プロになった子の親に、イタイなと思うようなタイプはいません。熱意をかけたからといってプロになれるわけでもありません。理解してくれている人は増えてきている気はしています。

⚽　⚽　⚽

いかがでしたでしょうか。ジュニア、ジュニアユースでチームの階層があるので、実力や好みに合ったチームを選ぶのが大事ということでした。

また、インタビューでは現在の日本の育成が抱えている問題点も垣間見られました。

筆者自身は高校選手権について、もう開催しなくてもいいのではないかという考えですが、必要だという意見もあるのは承知しています。

サッカーに限らず、日本のスポーツは学校の部活動によって発展してきました。学校だからこそ資金が投入されてグラウンドが作られ、誰でもサッカーができるような環境ができています。

日本の育成から学校を排除した場合、サッカーをプレーできるのは一部のエリートだけになってしまうかもしれません。あるいは、決して安くない会費を払える家庭の子どもたちだけがプレーする環境になってしまうかもしれません。

プロサッカー選手を育てるという観点からすれば、学校の都合よりもスポーツの都合を優先することが合理的です。

しかし、ここまで仕組みができあがっている以上、そこを変えてヨーロッパのようなクラブによる育成を確立させるには、ハード（グラウンドや設備）や人材、運用資金など、クリアしなければならない問題が多いのが現実です。これは非常に大きくて複雑な課題であり、それこそ抜本的な改革が必要になってくるでしょう。

この話は本書の趣旨からは外れるので問題提起だけにとどめますが、末本さんが、「現状の育成環境でワールドカップベスト16まで行けるのだから、改革が進めば優勝も見えてくるのではないか」と話していたのが印象的でした。

CHAPTER 4

あの選手たちは
どのように
プロサッカー選手に
なったのか

（日本人選手編）

ケーススタディ❶

宇佐美《うさみ》 貴史《たかし》

1992.5.6生/178cm

〈プロへの道すじ〉

長岡京サッカー
スポーツ少年団

↓

ガンバ大阪
ジュニアユース

↓

ガンバ大阪
ユース

↓

ガンバ大阪
とプロ契約

1歳半でボールを蹴り始めていたという宇佐美貴史選手。

3歳のころには自分で公園に行ってボールを蹴っていたという、まさに「物心ついたときには……」というタイプです。

最初のチームは地元（京都府長岡京）の長岡京サッカースポーツ少年団でした。

5歳で長岡京ＳＳに入ると、小学1年生で早くも4年生のチームに飛び級で参加していたそうです。

毎年２００得点もしていたといわれ、本人も「覚えていない」そうですが、数え切れないくらいゴールしたのは間違いないようです。

中学生年代はガンバ大阪のジュニアユースに所属。２００６年の高円宮杯第18回全日本ユース選手権（Ｕ－15）では10得点で大会得点王となり、Ｇ大阪の初優勝に貢献しました。

圧倒的に強かったこのときのチームからは、宇佐美選手の他に大森晃太郎《おおもりこうたろう》選手、内田達也《うちだたつや》選手がプロ入りしています。

2007年、**日本クラブユース選手権（U-18）では唯一の中学生（3年生）として参加、**しかもレギュラーでプレーして優勝。2008年のJユースカップ（U-18）でも優勝の原動力となりました。

高校1年の時点で**G大阪の育成組織が生んだ最高傑作**といわれ、2009年には高校2年時にG大阪とプロ契約を結びます。

ユース在籍中でのトップ昇格はG大阪では稲本潤一《いなもとじゅんいち》、新井場徹《あらいばとおる》、家長昭博《いえながあきひろ》に次ぐ4人目ですが、17歳14日でのデビュー戦（ACLのFCソウル戦）は史上最速でした。

プロ契約までの宇佐美選手の経歴は非の打ちどころがない完璧さです。

G大阪のジュニアユースからユースを経てのトップ昇格……と、まさにエリートコースのど真ん中を歩んできた。G大阪のみならず日本の育成年代で最高のタレントといっていいでしょう。**15歳でユースに飛び級、17歳でプロ契約**ですから、ジュニアユース在籍2年、ユース在籍2年でプロになっているわけです。

しかし、宇佐美選手ほどの才能の持ち主でも、Jリーグですぐに活躍したわけではありません。2009年はJ1で3試合の出場にとどまっています。

2年目の2010年には26試合(J1)7得点と活躍、2011年に14試合(4得点)にプレーした後、シーズン途中の6月にドイツの名門、バイエルン・ミュンヘンへ移籍します。バイエルンは選手層が分厚く、2011－12シーズンは3試合の出場にとどまります。CL決勝でベンチ入りしていますが出場機会はなく、次のシーズンにはホッフェンハイムに移籍しました。ホッフェンハイムではブンデスリーガ20試合に出場して2得点。ここでドイツでの挑戦はいったん終わります。13年6月、G大阪に復帰しました。

◉長所以外のプレーの水準が出場機会を左右する

宇佐美選手の特徴は**得点力**です。

とくにドリブルシュートが得意で、右足のインサイドキックで放たれるシュートの正確性と威力はワールドクラス。だからこそ、ヨーロッパでもトップクラスのバイエルンが獲得したのでしょう。長所に関しては世界トップでもやれる力があったということです。

とはいえ、その選手の長所はどのレベルでプレーできるかの可能性を示すだけです。長所以外のプレーが、プレーする環境で少なくとも平均レベルにないと実際に試合に起用される機会はかなり限定されてしまいます。

ポジションはサイドハーフかＦＷですが、サイドプレーヤーとしては運動量と守備力が十分ではありませんでした。

ＦＷの場合、宇佐美選手は１トップを張るタイプではありません。２トップまたはトップ下としてプレーすることになります。

つまり、**ストライカーを２人起用するチームならばポジションはありますが、１人しかストライカーを使わないチームではポジションがなくなります。**長所が素晴らしくても、その他のプレーもある程度の水準になければプレー機会が得られないということです。

２０１３年６月、Ｇ大阪に復帰した宇佐美選手は18試合（Ｊ２）で19得点の大活躍をみせます。

シーズン途中での加入にもかかわらず、Ｊ２得点ランキングの２位につけています。Ｇ大阪のＪ２優勝とＪ１復帰の原動力となりました。このときの宇佐美選手は２トップのＦＷとしてプレーしていました。

２０１４年にはＪ１優勝、天皇杯、リーグカップと3冠達成に貢献。3つの大会通算で21得点とＪ１最多得点をあげました。このときもパトリックとの2トップで猛威を振るっています。

２０１６年６月、宇佐美選手は再びＧ大阪を離れてドイツのアウクスブルクへ移籍します。

しかし、アウクスブルクでは11試合出場無得点と活躍できず、２０１７－18シーズンに期限付きでデュッセルドルフへ移籍。終盤に重要な得点をあげてチームの2部優勝に貢献しました。

ロシアワールドカップの日本代表メンバーに招集され、セネガル戦で交代出場、ポーランド戦は先発でプレーしました。

プロサッカー選手を目指すために

26

Ｊクラブのジュニアユースからプロ入りするのがエリートコース

ケーススタディ❷

柴崎《しばさき》 岳《がく》

1992.5.28生/175cm

〈プロへの道すじ〉

野辺地サッカースポーツ少年団
↓
青森山田中学校
↓
青森山田高校
↓
鹿島アントラーズとプロ契約

宇佐美選手と同世代の柴崎岳選手ですが、プロ契約までの道のりは対照的です。ジュニアユースからＪクラブ育ちの宇佐美選手と違って、柴崎選手は**中学・高校と学校サッカー部の出身**なのです。

とはいえ、青森山田は中高一貫の私立学校で、スポーツに力を入れている強豪校です。**青森にはＪクラブがないため、青森山田中高がＪクラブに代わって育成を担う中心的な存在となって多くのＪリーガーも輩出**しており、トップのプロチームがないだけで育成環境は宇佐美選手の場合とそれほど変わらないともいえます。

兄がプレーしていた野辺地《のへじ》サッカースポーツ少年団の練習についていき、小学1年生ながら3、4年のゲームに出ていきなり5、6点決めたそうです。6年生のときには県内ではすでに知られた存在の選手になっていました。

青森山田中学では3年の春に飛び級で高校チームに参加しています。**高校では1年生時からレギュラーで活躍、2年生のときに全国高等学校選手権大会で準優勝。**この2年生の段階で鹿島アントラーズと仮契約を結んでいます。

高校卒業後の2011年から鹿島でプレー、ルーキーシーズンはリーグ戦13試合に出場します。

2012年にはレギュラーに定着、以降は鹿島の中心選手として活躍。2016年のクラブワールドカップ決勝ではレアル・マドリード相手に2ゴールをあげて注目されました。

2017年、冬の移籍市場でスペイン2部のテネリフェへ移籍します。

次のシーズンには1部のヘタフェへの移籍を果たしています。ロシアワールドカップではポーランド戦を除く3試合に先発出場、日本の新しい司令塔としてベスト16入りに大きく貢献しました。

◉ヨーロッパで活躍できる才能がある選手の特徴

Jクラブと学校サッカー部という違いはあるものの、柴崎選手の経歴は同年代の宇佐美選手と似ています。

中学時代には飛び級で高校生年代の試合でプレーしていて、仮契約とはいえプロ入りが決まったのは高校在学中でした。

柴崎選手のポジションはMFです。**プレーメーカーとしての才能は小学6年生時からすでに「別格だった」といわれています。**

スペインではFWで起用されることも多く、本来のプレーができない難しさもありましたが、バルセロナ戦で得点するなどゴールセンスのあるところもみせています。

ヘタフェはスペインリーグの強豪ではないので、守備的な試合をすることも多くなります。MFには攻撃力よりも守備力のあるタフな選手が起用されるので、柴崎選手は本来のポジションとは違うFWで起用されていました。

日本人選手がJリーグからヨーロッパに移籍する場合、本来とは違うポジションで起用されることは、わりとよくあります。

移籍先のクラブがその国のリーグで上位でないと、攻撃的な選手を使う余地が少ない。柴崎選手も本来ならMFでプレーすべきなのですが、チーム事情から、使うならFWしかなかった。それでもまだ起用されるならいいほうで、居場所を失ってしまうことも多々あります。よほど絶対的な実力があるか、そうでなければ違うポジションでの競争を勝ち抜かなければならないのです。

Jリーグなら長所を生かせるように尊重されていても、ヨーロッパへ行けばそうはいかないのが現実です。そこで適応するには、攻守両面でのプレーの幅が要求されることになるわけです。

10代のうちから別格の才能を示している選手ほど周囲から尊重されてしまうので、逆にプレーの幅を広げることがなかなか難しかったりします。

本人がそこに気づくのは困難でしょうから、指導者は能力の高い選手ほど厳しい要求をしなければいけません。

ヨーロッパで活躍できる才能がある選手は、ユース年代から目線を高く持っている必要があり、選手以上に指導者にそれは必要といえるでしょう。

プロサッカー選手を目指すために

27

特定のポジションの才能があっても目線を高くし、プレーの幅を広げる

ケーススタディ❸

乾貴士《いぬいたかし》

1988.6.2生/169cm

〈プロへの道すじ〉

セゾンFC

↓

野洲高校

↓

横浜Fマリノスとプロ契約

乾貴士選手は、**地元である滋賀県のセゾンFCに入って小学生・中学生年代で技を磨き、県内のサッカー名門校である野《や》洲《す》高校へ進学**します。

セゾンFCは数多くのプロサッカー選手を育てた天才的指導者の岩谷篤人《いわたにあつと》さんが設立したユニークなクラブで、その指導方針は野洲高校へ受け継がれています。野洲の山本佳司《やまもとけいじ》監督の頼みで岩谷さんがコーチを引き受け、それがきっかけでセゾン出身の選手たちが野洲高校に入学する流れができたからです。

京都教育大付属高校でサッカーを始めた岩谷さんは、「見たものを再現できる」という特異な運動能力があり、鉄棒の大車輪などもすぐにできたといいます。高校でサッカーを始めたにもかかわらず、インターハイや国体に出場する全国レベルの選手になっています。その後、学校教材のセールスマンとして仕事で学校を回るうちに再びサッカーと関わるようになり、セゾンＦＣを立ち上げることになります。

乾選手は、その岩谷さんの指導を受けて小中高時代を過ごしました。**野洲高校２年時に全国高等学校サッカー選手権大会で優勝して注目され、卒業後に横浜Ｆマリノスとプロ契約**しています。

しかし、横浜ＦＭに入団した２００７年には出場機会になかなか恵まれず、リーグ戦出場は7試合にとどまります。２００８年６月に当時Ｊ２だったセレッソ大阪に期限付きで移籍。そこで香川《かがわ》真司《しんじ》選手との息の合ったコンビネーションが話題になり、シーズン終了後にはＣ大阪へ完全移籍します。

２００９年にはＪ１昇格に貢献、２０１１年８月にブンデスリーガ２部のボーフムへ移籍しました。

ボーフムでは２０１１－12シーズンに30試合に出場して7得点と十分な活躍ぶりでしたが、チームは1部昇格を逃します。

しかし、乾選手はその活躍が認められて、1部昇格を果たしていたフランクフルトへの移籍が実現しました。フランクフルトでは4シーズンにわたってプレーし、２０１５年にスペインのエイバルへ移籍します。

◉課題だった守備力がスペインで強化されて日本代表入り

乾選手はスペインでのプレーが念願だったそうですが、エイバルは乾選手の成長を促したクラブになりました。

エイバルはスペイン1部では零細といえるくらいの小さなクラブですが、ホセ・ルイス・メンディリバル監督の指導で頭角を表し、リーグ中位に食い込むまでに成長します。お金がないのでスーパースターを補強することはできません。その代わり、ポジションごとに特徴のある選手を集めてチームとして機能させています。

乾選手の場合は左サイドハーフとしての突破力、得点力を見込んでの獲得でした。タッチラインいっぱいに開いてボールを受け、そこから得意のドリブルで仕掛けてラストパスあるいはシュートという役割です。

これに関しては、もともとそれが乾選手の特徴でもあり、スペインでも十分通用していました。バルセロナ戦での得点や、対面のDFを交代に追いやったアトレティコ・マドリード戦などは、その長所が十二分に発揮された試合でした。

ただし、守備的な試合を強《し》いられることも多いエイバルでは、攻撃だけでは十分ではありません。

その点で、左サイドハーフとしての守備が乾選手の課題でした。小柄ですがスピードがあり、ドリブルが素晴らしく、ファーサイドへ巻いていくシュートを持っている乾選手の長所は、スペインでも十分通用しています。

つまり、スペインでプレーできる可能性はもともと持っていましたが、長所以外のプレーがリーグの水準になければ試合に出場し続けるのは難しくなります。そこで乾選手は課題の守備に取り組み、メンディリバル監督の指導もあって守備力を向上させていきました。

エイバルでいわば完成品となった乾選手は、ロシアワールドカップでも2ゴールをあげる大活躍、すでに移籍が決まっていた名門ベティスで2018－19シーズンからプレーしています。

サイドプレーヤーとして必要なスピード、テクニックをセゾンFCと野洲高校で培った乾選手ですが、日本代表には定着できませんでした。やはり守備力に不安があったからだと思います。

しかし、エイバルで課題の守備力を克服してからは日本代表メンバーに選出されるようにもなり、ロシアワールドカップの23人にも入りました。

日本サッカー界の課題は、乾選手のような素晴らしい長所を持った選手がいた場合に、**育成段階で長所以外のプレーの水準を高めておく**ことでしょう。

エイバルへ移籍する前、あるいはプロ入り前後に完成品になっていれば、もっと早くから世界の舞台でも活躍できたはずです。これは前記した宇佐美選手や柴崎選手などにも共通する点であり、選手育成の課題だと思います。

プロサッカー選手を目指すために 28

海外へ移籍する前に弱点も強化しておく

ケーススタディ❹

香川《かがわ》 真司《しんじ》

1989.3.17生/175cm

〈プロへの道すじ〉

マリノFC
↓
東舞子サッカークラブ
↓
神戸NKサッカークラブ
↓
FCみやぎバルセロナ
↓
セレッソ大阪とプロ契約

日本サッカー史上でも最高クラスの才能の持ち主である香川真司選手は、小中高時代を街クラブで過ごしています。

Ｊクラブでも強豪高校でもなく、**一貫して街クラブでプレーして高校2年時にセレッソ大阪とプロ契約したキャリアは異色**です。

幼稚園からサッカーを始めて**小学1年生時に地元のマリノＦＣに入団、4年生のときによりレベルの高い神戸ＮＫへ移ります。**

神戸ＮＫ（現・センアーノ神戸）の大木《おおき》宏之《ひろゆき》監督は初めて香川選手を見たときの印象を「衝撃的だった」と語っています。体の軸がブレない、機敏なドリブルをする選手だったそうで、現在の香川選手の特徴は小4の時点ですでに表れていたのでしょう。

神戸ＮＫで技術を磨き、ルーレットと呼ばれる回転するドリブルは「フィギュアスケートをやったほうがいいと思ったくらい」（大木監督）だったそうです。

転機となったのが**中学進学時の「サッカー留学」**でした。**宮城県のFCみやぎバルセロナ**へ入るために、神戸から1人で仙台へ行くことに決めています。みやぎバルセロナは、個性を伸ばす指導で知られていました。大木監督の勧めもあって市内の中学校に通いながらクラブの父兄の家に住むことになりました。神戸にはＪクラブのヴィッセル神戸があるのですが、あえて街クラブを選んだ理由について香川選手は次のようなことを話しています。

「Ｊクラブに入ると、そこだけになると思った。いろいろなところからオファーをもらえるように街クラブを選択した」

12歳の時点で、すでにプロでやると明確に意識していたことがわかります。

中学1年生のときには3年生と一緒にプレーし、2年生のときには高校生のユースチームで練習をしています。

高校2年時に開催された仙台カップでは東北代表として出場してU‐18日本代表を5‐2

で破りました。

東北代表を率いていた清水秀彦《しみずひでひこ》監督は「プロでもモノになる」と考え、より特徴を生かすために、それまでプレーしていたボランチから1つポジションを上げて攻撃的な位置へ移しています。そして、**仙台カップでの活躍が目にとまり、在学中にセレッソ大阪とプロ契約を結ぶことになりました。**

C大阪では2006年から4年間在籍、その間にはU－20ワールドカップ、北京五輪に飛び級で選出されています。

2010年7月にブンデスリーガのボルシア・ドルトムントへ移籍しました。ブンデスリーガでのデビューはセンセーショナルでした。シーズン後半に負傷欠場したためにリーグ戦18試合の出場にとどまりましたが、それでも8ゴールをあげ、ドイツのサッカー専門誌『キッカー』選定の年間ベストイレブンにも名を連ねています。チームも9シーズンぶりの優勝を成し遂げ、香川選手は一躍ヨーロッパ中が注目する若手選手となりました。翌シーズンも主力として活躍、クラブ史上初のブンデスリーガ連覇に貢献します。

2012年、プレミアリーグの強豪マンチェスター・ユナイテッドへ移籍します。

このシーズンはプレミアリーグ20試合出場6得点とまずまずの成績を残し、チームもアレックス・ファーガソン監督の引退を飾るリーグ優勝を果たします。

しかし、次のシーズンは香川選手もチームも不振に陥り、18試合に出場しましたが無得点に終わりました。

ルイス・ファンハール新監督が来た2014年8月には戦力外とされ、ボルシア・ドルトムントへ移籍します。

復帰したシーズンのドルトムントは降格危機に陥る不調、香川選手もトップフォームを取り戻せませんでした。

その後は調子を取り戻し主力級として活躍しますが、負傷の影響でコンスタントに出場できていませんでした。コンディションの問題でロシアワールドカップでの日本代表入りも危ぶまれていましたが、本番までに調子を取り戻し、ベスト16入りの原動力となる活躍をみせています。

◉若くしてプロ入りを意識したことによる「揺らぎのない決断」

街クラブから高校年代にプロ契約という異例のキャリアを歩んだ香川選手は、早くからプロになると決めています。

中学進学と同時に地元・神戸から仙台へ単身で移り住む決断をしているのは、周囲の勧めもあったとはいえ、プロになるという明確な意志がなければできないことでしょう。

俊敏なドリブラーとして注目された香川選手ですが、ドリブルをゴールに結びつける意識を早くから持っていたそうです。

ベストポジションはトップ下で、相手DFの間やDFとMFの間の狭いスペースでパスを受けてもボールを失わず、シュートやラストパスへつなげていくプレーが独特で、これに関しては世界でもトップクラスです。

日本代表では左サイドハーフとしてプレーすることもありましたが、実質的には本《ほん》田《だ》圭佑《けいすけ》選手と並んでトップ下のプレーをしていました。ボールコントロールのうまさ、俊敏でアイデアのあるプレーぶりはプレーメーカーの才能であり、得点力も兼ね備えています。

プロサッカー選手を目指すために

29 様々なオファーを受けるために「あえて街クラブ」という選択もある

ケーススタディ❺

昌子《しょうじ》源《げん》

1992.12.1生/182cm

〈プロへの道すじ〉

フレスカ神戸U-12

↓

ガンバ大阪ジュニアユース

↓

米子北高校

↓

鹿島アントラーズとプロ契約

ロシアワールドカップで活躍したセンターバック、昌子源選手は、レギュラーでは唯一のJリーグ所属選手でした。他のレギュラーメンバーは海外のクラブに所属していました。

昌子選手は**神戸のフレスカU-12という街クラブでサッカーを始め、関西選抜にも選ばれるFWとして名を知られるようになり、中学生年代はガンバ大阪ジュニアユースに入ります。**ここまでは同期の宇佐美貴史選手と同じエリートコースでした。

ところが、**中学2年時に膝を負傷したのがきっかけで3年生の途中でG大阪を退団**し、しばらくはサッカーから遠ざかっていたそうです。

高校進学時に進路が決まっていない昌子選手に、サッカーの指導者でもあったお父さんの勧めで鳥取県の米子北高校へ進学します。ここで大きな転機が訪れました。

当初はＦＷだったのですが、１年生のときに試合中にセンターバックの選手が負傷し、昌子選手がセンターバックとして交代出場します。そしてそのときのプレーが認められてセンターバックにコンバートされたのです。

「最初は本当に嫌だった。ＦＷをやらせてくれよとずっと思っていた。けれども、監督からは『絶対にＦＷはやらせない』と言われ、２年生に上がるときにセンターバックで真剣にやらないと試合に出られなくなると思い、そこから真剣に取り組むようになった」という心情を後に本人が語っています。

◉ジュニアユース退団後、コンバートを経てキャリアを磨く

ＦＷからＤＦへのコンバートはわりとよくあります。

というより、**少年時代からずっとＤＦだったというプロ選手のほうが少ない**かもしれません。センターバックは体格やパワーが必要なポジションですが、中学生のうちでは成長途中なので適性がわかりにくく、昌子選手のように**高校生年代になってから適性を見出されてコンバートという例が多い**わけです。

U－19日本代表候補に選ばれながら落選する挫折もありましたが、昌子選手はセンターバックとして成長し、**高校卒業時に鹿島アントラーズとプロ契約**します。なかなか出場機会に恵まれませんでしたが、4年目には主力としてリーグ全34試合でプレーし、Jリーグ優秀選手賞を受賞しています。

2016年にはJ1優勝を果たし、FIFAクラブワールドカップでは決勝でレアル・マドリードと対戦、クリスティアーノ・ロナウド選手との1対1を制するなど、その高い実力を示しました。

2018年ロシアワールドカップでは直前の強化試合パラグアイ戦でポジションをつかみ、3試合に先発出場しています。セネガル戦では長身のエムベイェ・ニアン選手を相手に空中戦での強さをみせ、攻撃時には正確なパスで起点になりました。

身長182センチは日本人選手としては大柄でも、世界的には大きなセンターバックではありません。それでも、スピードや読みの良さで対人プレーに強さを発揮していました。

攻撃のときの落ち着きぶりやパスの精度などは、もともとFWだったことが影響しているのかもしれません。

「Jクラブのジュニアユース」というエリートコースからいったん外れるという挫折を経験しながらも、高校サッカー部でDFへのコンバートという新境地を開拓したキャリアは異色といえるかもしれません。

プロサッカー選手を目指すために

30

適性は成長途中ではわかりにくい。コンバートの提案にも耳を傾けよう

ケーススタディ❻

川島《かわしま》 永嗣《えいじ》

1983.3.20生/185cm

〈プロへの道すじ〉

ジャクパ淑徳与野クラブ
↓
与野八幡サッカースポーツ少年団
↓
与野西中学
↓
浦和東高校
↓
大宮アルディージャとプロ契約

2010年南アフリカワールドカップから3大会連続で日本代表の正GKを務めた川島永嗣選手は、**街クラブから公立中学校、県立高校を経て大宮アルディージャとプロ契約**しています。

川島選手の前に日本代表のゴールを守っていた川口能活《かわぐちよしかつ》選手、楢崎正剛《ならざきせいごう》選手も高校からプロ入りしていました。

ロシアワールドカップのメンバーだった中村航輔《なかむらこうすけ》選手は柏レイソルの下部組織出身ですが、東口順昭《ひがしぐちまさあき》選手は福井工業大学、新潟経営大学を経てアルビレックス新潟に入団しています。

東口選手はガンバ大阪のジュニアユースに所属していたのですが、身長が低いためにユースに昇格できず、洛南高校へ進んでいます。現在は身長184センチなので、GKとしても十分な身長になっていますが、中学生の時点ではそこまで伸びるとは思われていなかったようです。

GKは運動能力とともに身長や体格がプロになる条件になりますが、中学生時点では判断しにくいところもあるのは確かです。

現在はある程度の予想はできるようになっていますが、それでも明確になるのは高校生年代からでしょう。これはセンターバックにも同じことがいえます。

ヨーロッパの第一線で活躍する日本人選手の少ないポジションがGKとセンターバックです。

どちらも、身長や体格が重視されるポジションであることがその理由でしょう。

川島選手は185センチで、唯一ヨーロッパで活躍している日本人GKですが、ヨーロッパではけっして高身長のGKというわけではありません。低くはないですが高くもないといったところです。

ですから、川島選手は身体のサイズよりもGKとしての高い技術を評価されています。身長に関してはほぼ遺伝ですから、**日本人の平均身長がヨーロッパと比べて低い以上、GKと**

センターバックの選手層はどうしても薄くなっています。

◉日本にいるときから英語、ポルトガル語、イタリア語などを勉強

最近では、育成年代において外国人の遺伝子を受け継ぐ選手がＧＫやセンターバックのポジションで目立つようになってきました。全体の人数からいえばかなり高い割合です。

例えば、フランス代表は移民系の選手が半数以上を占めていますが、フランス全体での移民系の割合は20％程度にすぎません。それと似た現象です。ＧＫやセンターバックに向いた遺伝子を持つ選手が有利になっているわけです。

川島選手は大宮から名古屋グランパス、川崎フロンターレを経て、２０１０年にベルギーのリールセへ移籍しています。

さらに、スタンダール・リエージュ（ベルギー）、ダンディー・ユナイテッド（スコットランド）、ＦＣメス（フランス）、ストラスブール（フランス）と移籍しました。

英語、ポルトガル語、イタリア語などを日本にいるときから勉強していて、オランダ語やフランス語も話せるそうです。

これだけ多くの国の言葉を話せる日本人は珍しいと思いますが、川島選手によると「GKはしゃべれないと難しい」そうです。味方へのコーチングはGKにとって必須ですし、自分の考え方を味方にしっかり伝えなければならない。**GKが海外で成功するには語学力も重要**です。

それもまた、海外で活躍できる日本人GKが少ない理由の1つでしょう。

プロサッカー選手を目指すために

31

英語、ポルトガル語、イタリア語……。語学力は〝武器〟になる

ケーススタディ❼

吉田《よしだ》 麻也《まや》

1988.8.24生/189cm

〈プロへの道すじ〉

南陵FC
↓
名古屋グランパスU-15
↓
名古屋U-18
↓
名古屋グランパスとプロ契約

地元の長崎市でサッカーを始めた吉田麻也選手でしたが、**名古屋グランパスのジュニアユースのテストに合格したため愛知県へ移住。そのままストレートにトップチームとのプロ契約**に至っています。

U－18のころにはアンカー（MF）で起用されていました。クラブとしてはセンターバックとして育てるつもりだったようですが、一流のセンターバックになるにはパスワークを身につける必要があるので、あえてユース時代にはMFで起用されていました。

空中戦の強さや守備力だけでなく、フィードのうまさを持つ万能型センターバックとして吉田選手をクラブとして育てていこうという意図があったわけで、クラブの財産としてかなり大事に育てられました。

◉年上の人々に囲まれながら育つことで冷静さを養う

順調そのものにみえる吉田選手のキャリアですが、オランダのVVV《フェーフェーフェー》フェンローに移籍してから左足首を骨折して長期離脱。プレミアリーグのサウサンプトンに移籍してからもポジションをつかむまでに苦しんだ時期がありました。

そうした逆境でも冷静に自分を見つめて課題をクリアしていった姿勢には、まさにリバウンド・メンタリティの強さが表れているといえます。

リバウンド・メンタリティは他の日本代表選手にも共通してみられる特徴で、先に述べたとおり、人の意見に素直に耳を傾けられる「傾聴力」と、自分の考えをしっかり持てる「主張力」が合わさったものです。

人の意見を聞くのと、自分の意見を主張するのでは反対のことのようですが、言い方を変えると、自分の中で「会話」ができる能力といえるかもしれません。

何か良くないことが起こったときに「嫌だ」と思うのは普通ですが、それでは解決しないので「じゃあどうすればいいか」と自分に問いかけ、「こうしよう」と結論を出す。

人の意見を聞きながら、自分の考えをまとめて主張する、それができる選手がリバウンド・メンタリティを持っているのです。

吉田選手は子どものころから年上の人々に囲まれながら育ち、他人とコミュニケーションをとるのが上手でした。それだけでなく、一歩引いたところから物事を眺めるような冷静さも持っていたようです。

こうした特性は、リバウンド・メンタリティの形成に向いています。

育成年代で大きな挫折をしたり、特殊な家庭環境でなくても、リバウンド・メンタリティは誰もが形成できるのではないか。吉田選手のキャリアはそれを物語っています。

プロサッカー選手を目指すために

32

傾聴と主張を同時に操れる「会話力」を磨こう

ケーススタディ❽

本田《ほんだ》 圭佑《けいすけ》

1986.6.13生/182cm

〈プロへの道すじ〉

摂津FC

↓

ガンバ大阪
ジュニアユース

↓

星陵高校

↓

名古屋グランパス
とプロ契約

リバウンド・メンタリティの強さといえば本田圭佑選手です。

G大阪のジュニアユースからユースへの昇格が難しく、星陵高校を選択してそこで成長し、名古屋グランパスとプロ契約しました。

ジュニアユースからユースに上がれないという逆境から、自らキャリアをデザインして目標を達成しています。

その後も壁に当たるたびにリバウンド・メンタリティを発揮して乗り切っていった強さは、すでに中学生時代に表れていたわけです。

G大阪のジュニアユースでは同期に家長昭博《いえながあきひろ》選手がいました。

当時の家長選手はクラブ史上最高の才能と高く評価されていた一方、本田選手はスピードが足りないと判断され、ユース昇格への内定が出ませんでした。

ちなみに、本田選手と家長選手は生年月日が同じで、どちらも左利きというところまで共通していたため、何かと比較されていたようです。

◉中学1年生からプロへの過程の具体的イメージを持つ

ユースへ昇格できなかった本田選手ですが、実は**中学1年生のときからサッカー強豪高校へ進学して全国大会で活躍するという考えを持っていた**そうです。

「ポゼッション・スタイルで全国大会に確実に出られて、そこまで名門でないところがいい」と、かなり具体的なイメージまでできあがっていました。

大阪育ちの本田選手が、縁もゆかりもない石川県の星陵高校に決めたのは、東京の強豪校である帝京高校でサッカーをしていた兄の助言でした。

ポゼッション・スタイルなら自分の特徴が発揮できる。全国大会に出ることでスカウトの目にとまりやすい。しかし、全国大会に出場するための予選が熾烈な地区や、名門すぎてポジション争いが厳しすぎるのも避けたい……。

星陵高校は本田選手の望みどおりの条件で、しかも練習環境も整っていました。

星陵高校では1年時からレギュラーとしてプレーします。

プロになるという目標に邁進し、そのためにも自分が上達するだけでなく、チームを強くしようと必死に努力しました。

ときには空回りすることもありながら、3年生のときにはキャプテンとしてチームをまとめて引っ張っていきます。**自己主張の強さと同時に、人の意見にも耳を傾ける謙虚さ、冷静さがありました。**特別強化指定選手として在学中にプレーした名古屋グランパスへ、卒業後に入団しています。

オランダのVVV《フェーフェーフェー》フェンロー、ロシアのCSKA《チェスカ》モスクワでプレーした後、念願だったヨーロッパのビッグクラブ、ACミランへ移籍します。

ミランでは出場機会を減らす逆境を経験しますが、メキシコのパチューカへ移籍してコンディションを取り戻し、ロシアワールドカップのメンバーに選ばれています。

レギュラーポジションからは外れましたが、交代出場したコロンビア戦ではCKから決勝ゴールをアシスト、セネガル戦でも貴重な同点ゴールをゲットしました。

過去2大会をエースとしてプレーした本田選手にとって、ロシアワールドカップは不本意な大会だったかもしれませんが、ベンチからチームを盛り上げ、出場したときには力を発揮しました。

ただ自己主張が強いだけではなく、チーム全体のことを考えて行動する、決してくさらない姿勢をみせています。

プロサッカー選手を目指すために

33

自己を前面に押し出す一方で、謙虚さ、冷静さをあわせ持つ

ケーススタディ⑨

長谷部《はせべ》 誠《まこと》

1984.1.18生/180cm

〈プロへの道すじ〉

青島東サッカースポーツ少年団
↓
青島中学校
↓
藤枝東高校
↓
浦和レッズとプロ契約

２０１０年南アフリカワールドカップから3大会で日本代表のキャプテンを務めた長谷部誠選手は「サッカーどころ」の静岡県の出身です。

浦和レッズに入団するまで、**小中高と公立学校サッカー部を経てプロ契約**という点で、最近の選手としてはむしろ珍しい経歴かもしれません。

ただし、静岡は非常にサッカーが盛んで伝統もあり、そこは他の地域の学校サッカー部とは違うところはあります。

物心つくころにはボールを蹴っていたそうです。

青島中学を経てサッカー強豪校の藤枝東高校へ進学。一般入試でした。

静岡にはサッカー強豪高校がたくさんあるのですが、藤枝東は学業のほうでも知られた名門高校でした。サッカー部に入部した当初はそこまで目立つ存在ではなく、当時の服部康雄《はっとりやすお》監督によると「1、2年のころの記憶がほとんどないくらい」だったといいます。

2年生のときにレギュラーポジションを獲得し、静岡県選抜にも選ばれます。そのときに浦和レッズのスカウトから勧誘されていますが、この時点でも県内で飛び抜けた選手というわけではなく、**3年時の高校総体での活躍でU-18日本代表候補となって注目されるようになりました。**

◉成長期にはフィジカル面の短所が目立ちやすい

多くのプロ選手は12、13歳のころにはスカウトから才能を見出されるものですが、長谷部選手の場合はややタイミングが遅かったわけです。

体ができあがっておらず、フィジカルが弱いと判断されていました。

それでも、成長期にフィジカル不足といわれながら後に大選手になった例はたくさんあります。むしろ、世界的なスーパースターになった選手には、そういうタイプのほうが多いくらいです。

ロシアワールドカップで活躍したルカ・モドリッチ（クロアチア）、エンゴロ・カンテ（フランス）、アンドレス・イニエスタ（スペイン）。いずれも**非常に頭の良い選手ですが、成長期の彼らは頭の良さという見えにくい長所よりもフィジカル不足という短所が目立ってしまっていた**のです。

長谷部選手のもとには、浦和レッズと名古屋グランパスからの勧誘があったのですが、周囲はプロ入りに反対していました。

大学からも勧誘がありましたが、長谷部選手の祖父だけは「男なら挑戦すべきだ」とプロに入る決断に背中を押してくれたそうです。

高校時代の長谷部選手はトップ下でプレーしていました。

浦和レッズでも当初は攻撃的MFとして仕掛けていくドリブルとスルーパスが印象的でしたが、次第にボランチでプレーするようになります。

さらにブンデスリーガのヴォルフスブルクへ移籍すると、サイドバックでも起用されています。フランクフルトでは「リベロ」として3バックの中央でプレーすることが多くなりました。

長谷部選手はMFで、プレーメーカーですから「アイデア」が才能になります。サッカーでの頭の良さであり、インテリジェンスといえます。

サッカーの知性もさまざまですが、**複数のポジションをこなせる長谷部選手にはゲームへの理解と洞察力が表れています。**

また、日本代表では5人の監督の下でキャプテンを任されていて、**チームをまとめる統率力**に秀でています。

アルベルト・ザッケローニ監督は「パオロ・マルディーニと同じで最高のキャプテン」と最大級の賞賛を惜しみませんでした。

プロサッカー選手を目指すために
34
成長期にフィジカル不足と評価されても洞察力を武器に大成する選手もいる

ケーススタディ⑩

長友《ながとも》 佑都《ゆうと》

1986.9.12生/170cm

〈プロへの道すじ〉

神拝サッカースクール
↓
西条北中学
↓
東福岡高校
↓
明治大学
↓
FC東京とプロ契約

公立中学校の出身で日本代表にまで上り詰めたのは長谷部選手と同じですが、長友佑都選手の出身地は愛媛県西条市で、長谷部選手の静岡県のようにサッカーが特別盛んなところではありません。

高校は**名門の東福岡高校、2年生のときにはMFとしてレギュラーでプレー**していました。ただし、地区選抜などには選ばれておらず、全国的には無名の存在といっていいでしょう。指定校推薦で明治大学に進学しています。

注目されたのは明治大学でレギュラーポジションをとった大学2年の夏からでした。

大学1年時に椎間板ヘルニアを発症し、さらに復帰後にも再発したために、2年生になるまではスタンドで応援する日々だったそうです。

しかし、復帰するやレギュラーポジションを獲得すると全日本大学選抜、ユニバーシアード代表に選ばれ、3年時にはFC東京で特別指定選手としてプレー、五輪代表として予選にも出場します。

◉海外のチームでムードメーカーを務める人間力も魅力

長友選手の転機になったのは**サイドバックへのコンバート**でした。特徴のスピード、スタミナを生かすにはサイドバックが最適と判断されたからです。椎間板ヘルニアの再発でボールを蹴ることができない時期に体幹を鍛え、復帰後は見違えるようなプレーをみせています。

もともと長友選手は走力が抜群でしたが、高校時代のMFではその特徴を存分に発揮できていなかったと思われます。最適なポジションを得たことが大きかったのでしょう。**大学4年に進学した時点でサッカー部を退部してFC東京とプロ契約**しています。

サイドバックへポジションを移してからはまさに水を得た魚で、日本代表に招集され、北京五輪でもプレーしました。もっと早くからサイドバックでプレーしていれば、高校時代から注目されていたのかもしれません。

2010年南アフリカワールドカップで活躍し、イタリアのACチェゼーナへ移籍。冬の移籍市場で名門インテルへ移籍します。**大学でレギュラーをとってから、わずか4年でヨーロッパサッカーの強豪クラブにまで上り詰めたスピード出世**でした。

その間の成長もさることながら、スピードと上下動を繰り返せるスタミナという才能にふさわしいポジションを見つけたことが功を奏しました。

もし、**大学時代のポジション変更がなければ埋もれていた逸材だったかもしれません。**育成の醍醐味と難しさを感じます。

インテルでは長く7シーズンもプレーし、キャプテンを任されたこともあります。

日本代表でも2010年から3大会のワールドカップに主力として活躍しました。

2018年にインテルからトルコのガラタサライへ移籍してリーグ優勝に貢献していま す。

長友選手は**チームにポジティブな影響を与えるパーソナリティーも高く評価**されていて、

ヨーロッパでは外国人でありながらチームのムードメーカーになっていました。
この人間力も長友選手の魅力でしょう。

プロサッカー選手を目指すために

35 ケガでボールを蹴ることができない時こそ才能の棚卸しをするチャンスと捉える

ケーススタディ⑪

大迫《おおさこ》 勇也《ゆうや》

1990.5.18生/182cm

〈プロへの道すじ〉

万世サッカー
スポーツ少年団
↓
鹿児島
育英館中学校
↓
鹿児島
城西高校
↓
鹿島アントラーズ
とプロ契約

大迫勇也選手は中学・高校のサッカー部出身です。

鹿児島城西高校時代は高校サッカー界きっての才能として注目され、鹿島アントラーズとプロ契約しています。

万世サッカースポーツ少年団から中学進学にあたって、すでにプロを目指していた大迫選手は自分で指導者や練習環境などをリサーチして城西高校の提携校である育英館中学校への進学を決めたそうです。

育英館中と城西高では6年間の一貫した指導が行われていて、それが育英館中を選ぶ決め手になったといいます。

城西高校へ進学するころにはU－16日本代表にも選出されていて、すでに全国的に有名な存在になっていました。

大迫選手といえば、相手ＤＦを背負ってのポストプレーのうまさが目を引きますが、中高のサッカー部時代に砂地のグラウンドで監督やコーチとの1対1を行い、徹底的に鍛えたものだそうで、「相撲みたいだった」と本人が当時を述懐しているほどでした。

身長182センチは日本人選手としては大柄ですが、ヨーロッパではＦＷとして大きくはありません。体重も軽く、ポストプレーヤーとしてはセンが細いといえます。

それでもブンデスリーガで大迫選手の相手を背負ったときのプレーに定評があるのは、鍛え上げた下半身の強さと体の使い方のうまさにあり、その基礎を作ったのが中高時代でした。その点で大迫選手の選択は間違っていなかったのでしょう。

◉得点力の低いＦＷはプロになれない

小学生のときはＭＦで、ＦＷへ転向したのは中学からです。

ポストプレーのうまさはすぐに武器になりましたが、得点力が足りないともいわれていました。

しかし、シュートにも磨きをかけて城西高3年時には全国高等学校サッカー選手権大会の得点記録を塗り替える10ゴールをあげ、チームを準優勝に導きました。

鹿島アントラーズへ入団後は苦手だったヘディングも上達し、オールマイティなFWに育っています。

大迫選手はストライカーとしての才能を開花させましたが、最初はポストプレーが武器のFWでした。

相手を背負ってパスを受け、味方へさばくプレーはFWにとって非常に大事ですが、より重要なのは得点能力です。

日本ではポストプレーや守備が重視される傾向がありますが、得点力の低いFWでは結局のところ評価されずプロになれないでしょう。

大迫選手は持ち前のポストプレーからシュートへ持っていく、あるいはポストプレーとみせかけて裏を狙ってのシュートなど、自らの長所を生かしてシュートに結びつけていくプレーの幅を広げて得点力を高めました。

鹿島で4シーズンプレーした後、ドイツ2部のTSV1860ミュンヘンへ移籍します。翌年にはブンデスリーガの1・FCケルンへ移籍し、2018–19シーズンからヴェルダー・

ブレーメンへ移りました。
日本代表でも2014年ブラジルワールドカップ、2018年ロシアワールドカップに出場。ロシア大会ではセンターフォワードとして初戦のコロンビア戦で決勝ゴールをあげるなど活躍しました。

プロサッカー選手を目指すために 36

ポストプレーや守備が重視されがちな日本でも得点力が足りないＦＷはプロ入りできない

ケーススタディ⑫

原口《はらぐち》 元気《げんき》

1991.5.9生/178cm

〈プロへの道すじ〉

江南南サッカースポーツ少年団

↓

浦和レッズジュニアユース

↓

浦和レッズユース

↓

浦和レッズとプロ契約

浦和レッズのジュニアユースからユース、トップとのプロ契約という道すじはガンバ大阪の宇佐美《うさみ》貴史《たかし》選手と同じで、エリート中のエリートといえるでしょう。

原口元気選手は埼玉県熊谷市生まれ、**地元の江南南サッカースポーツ少年団でプレーを始め、2003年の全日本少年サッカー大会で優勝**します。

さらに、**全日本少年フットサル大会でも優勝**しています。

中学生年代は**浦和レッズジュニアユースに入り、中学2年時には飛び級、ユースチームでプレー**していました。

高校2年時の5月にはトップ登録（2種登録＝ユースに登録しながらトップに出場できる）、**翌年1月にはプロ契約**に至ります。

この経歴からは何の問題もなく一直線にプロになったように思えますが、気性が荒く感情をコントロールできないところがあり、ジュニアユース時代からたびたび問題を起こしていたようです。プロになってからも練習中にチームメートに暴行するなど、トラブルが何度かありました。

気持ちの強さはプロ向きではあるのですが、それも行きすぎると周囲とのトラブルが起こりがちになります。相手もそういう性格だと知れば挑発してくる可能性もあるので、冷静さは必要なのです。

◉生き残るために守備でも貢献できる選手に変貌

スピードとドリブルが持ち味だった原口選手はサイド向きのプレーヤーです。

浦和のときは個人技による攻撃力に定評がありましたが、それほど守備をする印象はありませんでした。

しかし、ブンデスリーガのヘルタ・ベルリンへ移籍してからプレースタイルに変化がみられました。守備への意識が強くなったのです。

ヘルタで4シーズンプレーした後、2018年1月に2部のデュッセルドルフへ期限付き移籍、チームの昇格に貢献します。

6月にはハノーファー96への移籍が決まりました。

サイドハーフまたはFWというポジション自体は浦和時代と同じですが、**ドイツでは守備でもチームに貢献できる選手に変貌。そうしなければ生き残れない環境だった**のです。

ただし、なかなかそうした環境に適応できない選手もたくさんいる中で、自らを変えることができたのには、強い意志とともに、冷静に自分の置かれた立場を客観視する必要があったはずです。

つまり、原口選手もリバウンド・メンタリティの強いプロサッカー選手だということです。

ロシアワールドカップ予選で大活躍し、2018年の本大会でも右サイドハーフとして攻守に大きく貢献しました。

プロサッカー選手を目指すために

37

置かれた立場を客観視して自分を変化させる「強い意志」を養う

ケーススタディ⑬

岡崎《おかざき》 慎司《しんじ》

1986.4.16生/174cm

〈プロへの道すじ〉

宝塚ジュニアFC
↓
宝塚FC
↓
けやき台中学校
↓
滝川第二高校
↓
清水エスパルスとプロ契約

プレミアリーグ優勝を経験した唯一の日本人、岡崎慎司選手は兵庫県宝塚市の出身です。**小学2年生で地元のサッカークラブでプレーを始めた**のは兄の影響でした。小学4年生まではＦＷではなくＤＦだったそうです。ＦＷとして初めて起用された試合で3得点しています。

小学生時代の岡崎選手は、チーム内でも一番うまいわけではなかったそうですが、「ヘディングは全国レベル」と特徴を見抜いたコーチからヘディングの特訓を受けます。これが「一生ダイビングヘッド」という岡崎選手の座右の銘につながるわけです。

練習がない日は、兄と近所の友人と4人くらいで暗くなるまで公園でボールを蹴っていたことも多かったそうです。こうした子ども時代のサッカーを通じての楽しい思い出は、とても大きな財産になります。

宝塚FCはレベルの高い兵庫県では強豪ではなく、岡崎選手がいたときにも県大会まで進めていません。

本人は「プロになろうとも思っていなかった」そうです。ただ楽しいからサッカーに打ち込んでいた日々でした。

中学校では学校のサッカー部と宝塚FCを掛け持ちしていましたが、宝塚FCの練習がないときに中学校のサッカー部で活動していたようです。

3年生のときに初めて県選抜にも選ばれました。まさに、右肩上がりで力をつけていった時期でした。

中学校を卒業すると、兄の跡を追って**滝川第二高校へ入学**します。

滝川第二高校は全国レベルの強豪チームです。入部当初は当時の黒田和生《くろだかずお》監督から「3年になってもレギュラーにはなれないかもしれないぞ」と言われたそうです。

それでも、岡崎選手はへこたれずに頑張り続けました。1年生からレギュラーとしてプレーし、3年連続で全国高校選手権に出場しています。

小学生では地区レベル、中学生で県レベル、高校生で全国レベルの選手へとスケールアップしたのです。

母親は元テニス選手で、子どもたちにいわゆるポジティブ・シンキングを植え付けていたそうです。アスリートには良いときも悪いときもあり、良いときには油断せず、悪い時期もその後の糧になるのでトータルではマイナスではないと伝えていたといいます。

この考え方はリバウンド・メンタリティに通じるもので、自分を自分でコントロールする、セルフマネジメントする能力につながっていたはずです。また、それがあったから岡崎選手はレベルアップし続けることができたのでしょう。

◉飽くなき努力で階段を上る

高校卒業後に清水エスパルスとプロ契約します。

当時の長谷川健太《はせがわけんた》監督の評価は「FW8人の中で8番目」でしたが、4年目の2008年にはFWの中心として定着しています。

プロに入ってからも下からのスタートでしたが、飽くなき努力で階段を上っていきました。

2011年にブンデスリーガのシュトゥットガルトへ移籍、2013年にはマインツへ移籍します。どちらも最初はMFとして起用されていましたが、やがてFWでプレーして得点でチームに貢献します。

岡崎選手は得点感覚に優れたＦＷですが、**運動量も豊富で守備もうまく技術もしっかりしているので、プロになった後もＭＦとＦＷの両方のポジションでプレー**していました。

マインツでは奥寺康彦《おくでらやすひこ》選手が持っていた日本人のブンデスリーガ最多得点記録を更新しています。

２０１５年、プレミアリーグのレスターへ移籍します。

エースのジェイミー・ヴァーディ選手と2トップを組み、豊富な運動量と献身的なプレーで「影のヒーロー」とも称賛され、クラブ史上初のプレミアリーグ優勝の原動力となりました。

日本代表では２０１０、14、18年と3大会連続でワールドカップに出場。通算50得点は釜《かま》本邦茂《もとくにしげ》選手、三浦知良《みうらかずよし》選手に続くゴール数です。

プロサッカー選手を目指すために

38 豊富な運動量と献身的なプレーが「影のヒーロー」という称賛につながる

ケーススタディ⑭

酒井《さかい》 宏樹《ひろき》

1990.4.12生/185cm

〈プロへの道すじ〉

柏マイティFC
≫
柏レイソル U-15
≫
柏レイソル U-18
≫
柏レイソルとプロ契約

酒井宏樹選手は長野県生まれですが、幼いころに千葉県へ引っ越しています。

地元の**柏マイティFCでサッカーを始めたのは小学3年生**、ポジションはＦＷでした。**中学生年代は柏レイソルのジュニアユースチームである柏レイソルU-15**に入ります。そのまま**U-18を経てトップと契約**しています。

柏U－15は同世代9人がプロになっていて、いわゆる黄金世代です。吉田《よしだ》達磨《たつま》監督の指導の下、酒井選手のポジションはＦＷから右サイドハーフへ、さらに左サイドバックへ移っていきます。相手ＤＦの裏をとるうまさ、ＧＫとＤＦの間へ通すクロスボールは当時から酒井選手の武器でした。高校3年時には2種登録選手としてトップにも帯同しました。

２００９年、同期5人とともにプロ契約し、6月にはブラジルのサンパウロ州にあるモジミリンというクラブへ留学します。モジミリンでは右サイドバックとしてプレーしていました。

転機は２０１１年、柏で右サイドバックとして定着し、ＭＦのレアンドロ・ドミンゲス選手と強力なコンビを組みます。

5月にはＵ－22日本代表に選出、10月にはA代表と一気にブレイクしました。

この年はＪ２から昇格したシーズンにもかかわらずＪ１優勝を果たし、酒井選手はベストイレブンに選出されています。

12月のＦＩＦＡクラブワールドカップで活躍し、対戦相手だったサントスのムリシ・ラマーリョ監督からも絶賛されました。ヨーロッパのクラブからオファーが殺到し、ブンデスリーガのハノーファー96に移籍が決まります。

プロ入り3年目にブレイクし、海外移籍するまでに評価を高めたのですから激動の1年だったわけです。

ブラジルから戻った当初はセンターバックで起用されていましたが、右サイドバックへのコンバートが才能を開花させた1つの要因でしょう。

185センチ、75キロの堂々たる体格なのでセンターバックとしての適性もありましたが、その体格でスピード、アジリティ、スタミナに優れていたことで理想的なサイドバックでした。

もう1つは、右サイドでコンビを組んだレアンドロ・ドミンゲス選手の存在でしょう。レアンドロ・ドミンゲス選手のキープ力、パスが、酒井選手の攻撃力を引き出すとともに、優れたMFとどのようにコンビネーションを作るかを学ばせたのです。

◉契約切れ選手だったことが海外移籍上でプラスに

柏から移籍したハノーファーでは4シーズンプレーしました。

ロンドン五輪に出場するためにチームを離れた時期があり、負傷したこともあって、コンスタントな活躍はできないまま契約満了となり、2016年にフランスの名門マルセイユへ移籍しています。酒井選手にとって第二の転機といえるかもしれません。

ある意味で幸運だったのは、ハノーファーとの契約が満了していたことでした。

本来なら、契約が切れる前に他のクラブへ移籍するのがベストです。契約切れ選手は移籍金が発生しないからです。

獲得する側にとっては得なのですが、タダで手に入れた選手は扱いもそれなりになってしまうことが多々あります。大金を払って獲得した選手なら、新しい環境に慣れるまで辛抱強く起用するなど、投資したぶんを回収しようとするためです。

しかし、**移籍金なしで得た選手の扱いはぞんざいになってしまいがち**なのです。これは日本人選手が移籍するときに気をつけるべき点です。

Jクラブと単年契約を結んで海外移籍を容易にしている選手も多いのですが、**移籍金なしの選手は〝それなり〟の扱いになってしまうデメリットを考えなければならないのです。**

ただ、酒井選手の場合、移籍金が発生しなかったことがプラスに働きました。

このときのマルセイユはクラブのオーナーが代わることが決まっていて、新しいオーナーが来ると監督も選手も入れ替えがあると想定されます。

そのため、クラブとしてはシーズン開幕にあたって補強を控えていました。しかしそうはいっても必要な補強はしなければならず、移籍金のかからない酒井選手はちょうどいい補強対象だったわけです。

こうした背景がなければ、酒井選手がフランスのビッグクラブであるマルセイユへ移籍することはなかったでしょう。

マルセイユへ移籍した２０１６－17シーズン、酒井選手はフィールドプレーヤーで最多の35試合に出場します。

シーズン途中で予定どおりオーナーが代わり、監督も新たにリュディ・ガルシア監督が就任しましたが、酒井選手は右サイドバックとして信頼を勝ちとりレギュラーでプレーし続けました。

移籍の背景はマルセイユ側の事情が影響したものでしたが、マルセイユでレギュラーポジションを確保したのは酒井選手の実力以外のなにものでもありません。

次のシーズンもコンスタントにプレー、チーム事情で左サイドバックでも起用されるなど全幅の信頼を置かれています。自身の負傷で決勝ではプレーできませんでしたがＥＬ（ヨーロッパリーグ）準優勝にも貢献しました。

フランスリーグはアフリカ出身の選手や外国人選手が数多くプレーしています。

酒井選手はネイマール選手とマッチアップすることも多く、エムバペ選手も含めてさまざまなタイプのＦＷと対戦して経験値を得ました。

柏時代のレアンドロ・ドミンゲス選手と同じように、右サイドでフランス代表のフロリアン・トヴァン選手とコンビを組めたのもプラスに働きました。

マルセイユの２シーズン、酒井選手は日本代表の海外組の中で最も安定的に活躍した選手でした。

プロサッカー選手を目指すために

39

強い選手とコンビを組んで自らを高いレベルに成長させる

CHAPTER 5

あの選手たちは
どのように
プロサッカー選手に
なったのか

（外国人選手編）

ケーススタディ❶

アンドレス・イニエスタ
（スペイン）

1984.5.11生/171cm

〈プロへの道すじ〉

アルバセテ

≫

バルセロナ（ユース）

≫

バルセロナB

≫

バルセロナとプロ契約

イニエスタ選手は、**地元のアルバセテの育成チームに入団したのが8歳、12歳時に参加した全国大会で注目され、バルセロナへ移籍しました。**以降ずっとバルセロナの下部組織でプレーし、18歳でトップチームと契約。それからの活躍は改めて記すまでもないでしょう。惜しまれながらバルセロナを退団し、２０１８年からＪ１のヴィッセル神戸に電撃移籍したことは、２０１８年のＪリーグでもっとも話題になったといっても過言ではありません。

バルセロナの育成組織はこれまで多くの逸材を生み出してきました。リオネル・メッシ選手、シャビ・エルナンデス選手、セルヒオ・ブスケツ選手など、トップチームでプレーしている選手の割合も他のクラブより高いといえます。

カンテラ（石切場の意味）と呼ばれるスペインの育成組織の中でも、バルセロナは独特の地位を築いています。

クラブ創立者の「ジョアン・ガンペール」の名が冠された練習場は、トップからジュニアまですべてのカテゴリーの練習が行われる巨大なトレーニングセンターになっています。

また、カンテラの選手たちは寮で暮らしているのですが、かつてこの寮は、「ラ・マシア」と呼ばれ、クラブ史の重要な役割を果たしたといわれるヨハン・クライフの提案によってホームスタジアムであるカンプ・ノウに隣接して建築されました。

２０１１年6月30日をもってこの寮は閉鎖され、32年間の歴史に幕を閉じたのですが、ラ・マシアに代わり「オリオル・トルト育成センター」が新たな選手寮となり、この寮で生活するカンテラの選手には、世界でも最高クラスの設備が用意されているといわれています。

◉育成選手の段階でトップと同じ考え方のサッカーをする

バルセロナではクラブの確固たる哲学にもとづいて育成が行われています。

11人制になる中学生年代からはプレースタイルもトップチームと同じです。

フォーメーションは4－3－3か3－4－3ですが、それよりも**ボールを支配して相手陣内でプレーする、奪われたら素早く奪回する、さらにプレーのディテールにセオリーがある**

のでそれを実行するなど、トップチームと同じ考え方で育成段階からプレーしています。

トップと同じ考え方のサッカーですから、育成選手もその考え方に合った子どもたちが世界中から集められています。

イニエスタ選手は華奢でフィジカル的な能力は高くありませんでしたが、テクニックとセンスに非凡なものがあり、そこを評価されています。単にプロ選手を育てるのではなくバルセロナ用の選手を育てるので、ある意味で選手選考には偏りがあるかもしれません。最高水準の才能が集まるので、バルセロナのトップと契約できなくてもプロとして他クラブと契約する選手はたくさんいます。

ただし、違うクラブ、違うサッカー観のチームで活躍する選手でいえば、ライバルのレアル・マドリードの下部組織出身者のほうが多いでしょう。レアル・マドリードの場合はバルセロナほどスタイルが強固ではないからです。

メッシ選手はバルセロナでなくてもスーパースターになれたかもしれませんが、ブスケツ選手が他のクラブで現在のような地位を築けたかどうかはわかりません。

イニエスタ選手もバルセロナのサッカーだからこそ輝いた選手の1人です。イニエスタ選手の場合、とくに**バルセロナのサッカーと自分の本能的なプレーが一致しています。**イニエスタ選手のプレーなのかバルセロナのプレーなのか見分けがつきません。その点で、バルセロナのカンテラが育てた最高傑作といえるでしょう。

シャビ選手、ブスケツ選手もそうですが、バルセロナというクラブ、サッカー哲学と一体化した選手たちですね。

ヴィッセル神戸がイニエスタ選手を獲得するにあたって、プレースタイルをバルサ化するという決断をしたのは理にかなっていると思います。まったく違うプレースタイルではイニエスタ選手が生きないからです。

もちろんバルセロナのスタイルを吸収するには時間がかかりますし、バルセロナのレベルに達することもないでしょう。それでもバルサのスタイルを採り入れるにあたって、イニエスタ選手の獲得が大きな力になるのは間違いないと思います。イニエスタ選手はバルセロナの哲学とプレーを体現しているからです。

プロサッカー選手を目指すために
40
「ここでプレーしたい」と思っているチームに根付く〝哲学〟を学ぶ

ケーススタディ❷

ルカ・モドリッチ

（クロアチア）

1985.9.9生/172cm

〈プロへの道すじ〉

NKザダル

≫

ディナモ・ザグレブ（ユース）

≫

ディナモ・ザグレブとプロ契約

2018年ロシアワールドカップのMVPに選出され、準優勝の原動力となったルカ・モドリッチ選手は戦時下に育っています。

クロアチアが旧ユーゴスラビアから独立した後、戦争状態となり、モドリッチ選手の祖父はセルビア軍に殺害されました。

故郷のモドリッチ村には住めなくなったため、家族とともに2回引っ越しています。ちなみにファミリーネームのモドリッチは住んでいた村の名前と同じで、付近に住んでいた人は皆同じ姓だったそうです。

モドリッチ一家は難民用の宿泊所で生活していました。

避難先の街であるザダルにも爆弾が投下されることが何度もあったそうですが、**6歳のモドリッチ少年は避難所の駐車場でサッカーをして遊んでいました。**やがて地元のNKザダルというクラブに入ります。

10歳のときに名門ハイデュク・スプリトのテストを受けますが、体が小さくて細身だったため不合格とされてしまいました。後のスーパースターには実はこの手の逸話が多く、今後もきっと出てくるでしょう。

16歳のときにディナモ・ザグレブのユースチームに入ります。

ディナモ・ザグレブもクロアチアの強豪です。翌年、ボスニア・ヘルツェゴビナのトップリーグに所属するモスタルに貸し出されます。ボスニア・ヘルツェゴビナのリーグはグラウンドも荒れていて、プレーもハードでした。後にモドリッチ選手は「ボスニアでプレーできればどんな環境でもプレーできる」と語っています。

日本でいえば、高校生の段階で外国のリーグでプレーしていたことになります。ボスニア・ヘルツェゴビナはもともとクロアチアとも同じ国ではありますが、厳しい環境での経験が成長を促したようです。攻守にわたる幅広いプレースタイルはこのときに培われました。

テクニックには定評がありましたが、小さくて華奢なモドリッチ選手にとって、フィジカルコンタクトだらけのリーグに適応するのは簡単ではなかったはずです。

しかし、**あえて苦手な環境に身を置くことでプレーの幅を広げることができた**のです。これは日本の育成にはあまり見られない方法かもしれません。

日本では才能のある選手を甘やかしてしまう傾向があり、その結果レベルの高いリーグでプレーするようになったときにコンタクトが弱い、守備ができないといった理由で大人になってから苦労しています。

大きな才能のある選手は、将来ハイレベルな環境でプレーする可能性が高いのですから、むしろ厳しく育てなければならないはずなのです。

◉モドリッチ選手とクラニチャール選手に差ができた理由

モドリッチ選手にはボスニア・ヘルツェゴビナで〝潰《つぶ》される〟危険もあったかもしれませんが、モスタルでは22試合に出場して8ゴール、18歳で年間最優秀選手賞を受賞します。しかも、この年齢でキャプテンも務めていました。

ところが、次のシーズンもモドリッチ選手はインテル・ザプレシッチというクロアチアリーグのクラブに貸し出されます。ここでもリーグ2位、UEFAカップ予選出場権をもたらす活躍をしました。これでようやく2005年にディナモ・ザグレブへ戻ります。

モドリッチ選手ほどの逸材を同じリーグのライバルに貸し出していたのには理由があります。同じ攻撃的MFのポジションに同年齢の逸材だったニコ・クラニチャール選手がいたからです。

クラニチャール選手は**17歳でディナモ・ザグレブのキャプテン**でした。モドリッチ選手もそうですが、10代でのキャプテンは日本では考えられませんね。

ともあれ、クラニチャール選手がフロントと揉めて移籍してしまったため、モドリッチ選手のポジションが空いたという事情がありました。

19歳でディナモ・ザグレブと交わした契約は10年契約でした。このときのお金で家族のためにザダルにアパートを買い、モドリッチ家は難民生活にピリオドを打ちます。

ディナモ・ザグレブでもレギュラーポジションを勝ちとり、リーグ優勝に貢献しました。翌年も連覇、モドリッチ選手は年間最優秀選手に選ばれています。

2008年、22歳のときにプレミアリーグのトッテナム・ホットスパーへ移籍。ディナモ・ザグレブでの活躍から、バルセロナ、アーセナル、チェルシーからも誘いがあったようです。トッテナムでは4シーズン活躍します。ディナモ・ザグレブ時代のライバルだったクラニチャール選手も在籍していましたが、このときにはすでに両者の立場は逆転していました。

2006年ドイツワールドカップでは、ともにクロアチア代表でしたが、そのときはまだクラニチャール選手が先発でモドリッチ選手は控えでした。

その後、モドリッチ選手はプレミアリーグでも活躍しますが、クラニチャール選手は出番を失います。2人はプレースタイルがやや違うとはいえ、**決定的な違いは適応力**です。モドリッチ選手はより運動量があり、攻撃と守備の両方での貢献度が大きかった。若いころから厳しい環境でプレーしてきた経験の差でしょう。

2012年、25歳のモドリッチ選手はスペインのレアル・マドリードへ移籍します。世界最高クラスのクラブです。

レアルでも厳しい競争がありましたが、やがてプレーメーカーとして中心的な存在となり、UEFAチャンピオンズリーグ3連覇にも大きく貢献する大選手に成長を遂げたのです。

プロサッカー選手を目指すために

41

あえて厳しい環境に身を置くことでフィジカルを鍛えてプレーの幅を広げる

ケーススタディ❸

エンゴロ・カンテ

（フランス）

1991.3.29生/169cm

〈プロへの道すじ〉

シュレンヌ
↓
ブローニュ（ユース）
↓
ブローニュとプロ契約

ロシアワールドカップで優勝したフランス代表の中心選手として中盤を支えたエンゴロ・カンテ選手はパリ郊外の生まれですが、両親はアフリカのマリ出身です。7人兄弟とともに育った典型的な移民家族でした。

10歳でシュレンヌというクラブでプレーを始めます。19歳でブローニュのリザーブチームに移り、3部リーグの試合に出場しました。**翌年にはブローニュとプロ契約**を結び、2年間プレーした後、リーグ2（2部）のカーンへ移籍しています。

子どものころのカンテ選手はとても大人しい性格で、「何も話さないので、我々の言うことを理解しているかどうか心配だった」と、当時のコーチが話すくらいでした。

ただし、「1週間ほど経つと、我々の話を全部理解していたことがわかった」そうです。控えめで飾らない性格は、フランス代表で世界王者になった現在もあまり変わらないようです。

◉体の小ささを抜群の運動量でカバー

ブローニュでプロになる以前には、いくつものクラブのテストを受けていましたが、ことごとく落とされていました。献身的なプレースタイルは子どものころからで、地味すぎたのかもしれません。

また、体も小さかったので、プロで通用すると見抜いた人は少なかったのでしょう。ようやくプロデビューしたブローニュでは、チームメートが車で練習に通う中、カンテ選手だけは徒歩かスクーターで通っていたそうです。

カンではリーグ2からリーグ1へ昇格させる原動力となり、2015年にプレミアリーグのレスターへ移籍します。

カンテ選手をスカウトしたスティーブ・ウォルシュ氏はジェイミー・ヴァーディ選手、リヤド・マフレズ選手を獲得した敏腕のスカウトでした。

岡崎慎司《おかざきしんじ》選手も加わり、レスターはプレミアリーグ優勝の快挙を成し遂げました。

翌シーズン、カンテ選手は強豪のチェルシーに移籍し、ここでもプレミア優勝しています。違うクラブで2年連続の優勝は、フランス代表の先輩にあたるエリック・カントナ選手以来でした。

プレミアリーグに来たのは24歳、タックルやインターセプトなど守備での貢献度が抜群で、幅広い運動量で攻撃の組み立ても行っています。ほとんど無名の選手が、いきなりプレミアリーグで大活躍した珍しい例かもしれません。


169センチと小柄なカンテ選手ですが、抜群の運動量でフィールドをカバーし、鋭い寄せでボールを奪う守備が持ち味です。


マリ出身で1980年代に活躍したジャン・ティガナ選手も小柄で細身ながら無尽蔵のスタミナで走り回るタイプでした。

アフリカのサッカー選手といっても、頑強でスピードのあるナイジェリア、器用でテクニックのある北アフリカ（アルジェリア、チュニジアなど）といったように、国や地域によって特徴が違います。カンテ選手はその点で典型的なマリ人プレーヤーといえるでしょう。
アンダー年代の代表歴はなく、カンテ選手はマリ代表とフランス代表のどちらでもプレーできる立場でしたが、フランス代表を選択。2016年のユーロ（UEFA欧州選手権）で頭角を表し、2年後のロシアワールドカップではチームに不可欠の存在になっていました。

プロサッカー選手を目指すために

42

チームに貢献できる能力こそプロとして評価される

ケーススタディ❹
サディオ・マネ
（セネガル）
1992.4.10生/175cm

〈プロへの道すじ〉

ジェネラシオン・フット
≫
メスとプロ契約

セネガル代表、そしてリバプールの10番、サディオ・マネ選手は、セネガルのサデューという街で生まれました。

クラブチームに所属したのは15歳、首都ダカールにある**「アカデミー」の1つ、ジェネラシオン・フット**でした。

アフリカ諸国の育成事情は国によって異なりますが、ヨーロッパとは大きく異なります。ヨーロッパのようなジュニアユースからトップのプロに直結する育成組織はあまりなく、アカデミーと呼ばれる育成年代対象のチームがたくさんあります。

才能のある選手はアカデミーに集まり、そこからヨーロッパの育成組織に移る、あるいはすぐにトップチームと契約するという経路になっています。

アカデミーから自国のプロクラブへ入る選手が多いのですが、トップクラスの選手はほとんど自国リーグを経験することなくヨーロッパへ渡ります。

ヨーロッパのクラブはアフリカのアカデミーと連携をとっていて、直接にアカデミーに投資しているクラブもあります。つまり、育成の目的が外国であるヨーロッパへの選手供給になっているわけです。

15歳からアカデミーというのは、日本でいえば高校生年代くらいから本格的にサッカーを始めるわけですから遅い気がしますが、マネ選手はそれまでに**ストリートサッカーで技を磨いていました。**

ヨーロッパや南米でも、育成組織が整備されるまでは、アフリカと同じようにストリートや草サッカーから偉大な選手が生まれています。ですから、正式なチームに所属してコーチの指導を受けることがすべてではないのでしょう。

「2、3歳のころからボールと一緒に生活していた。道路でもどこでも、サッカーをやっていれば混ざりに行った」

◉「習ったサッカー」からは生まれない才能がある

マネ選手の原点はストリート・サッカーでした。ここでもやはり、「遊び」が原点だったのです。

日本の子どもたちはよく「サッカーを習っている」と言います。つまり、現代の日本の子どもたちにとってサッカーは「習い事」になっているのです。

ですが、本来サッカーは遊びです。遊びの中で培われる発想力や運動能力には「習い事」にはない何かがあるような気がします。

ともあれ、叔父さんと一緒にダカールのトライアルを受けに行ったときのマネ選手は、すでに別格のプレーをしていたそうです。

トライアルというのはアカデミーの入団テストで、多くのトライアルが開催されていました。**ぼろぼろの靴を履いて参加したマネ選手を見て大人たちは驚きましたが、プレーを見るとさらに驚きます。**ダカールの名門アカデミーであるジェネラシオン・フットに入団することになりました。

ヨーロッパに渡ったのは19歳のときでした。

フランスリーグのメスに移籍し、**すぐにプロ契約**しています。メスは日本代表の川島英嗣《かわしまえいじ》選手が所属していたクラブです。

メスで1シーズンプレーした後、20歳でオーストリアのザルツブルクへ移籍します。ザルツグルクは飲料メーカーのレッドブルがスポンサードしていて、ドイツで有名な指導者であるラルフ・ラングニック（スポーツディレクター）がマネ選手を見出したそうです。

ザルツブルクで2シーズン活躍した後、プレミアリーグのサウザンプトンへ移籍。吉田麻也《よしだまや》選手とはチームメートでした。2016年には、強豪のリバプールへ移籍します。

強烈なスピード、抜群のボールコントロール、インスピレーション、得点力を持つマネ選手に対して、リバプールのユルゲン・クロップ監督は早くから注目していました。

クロップ監督が指揮を執っていたボルシア・ドルトムントでも獲得に動いたのですが、そのときは実現せず、リバプールでようやくマネ選手を獲得できました。

マネ選手は天才といっていいでしょう。

ストリート・サッカーから、そのままプロで通用するレベルに達していました。

ただし、生まれ故郷から家族の下を離れて首都で暮らすのはアフリカの人々にとってはなかなか難しいものです。さらにフランス、オーストリア、英国と、違った環境に適応するのは我々が想像するよりも大変なのです。

マネ選手は適応の秘訣について、**「考えすぎないこと」**と言っています。

「将来に起こる良いことも悪いことも考えない。心をオープンにして、何が起こってもいいように準備する」

また、**「子どものころにはサッカーをすべてわかったような気になってしまうことがある」**とも話しています。マネ選手にもそういう時期があったのかもしれませんね。

それでもコーチや周囲の人々から、より完璧な選手になるにはどうしたらいいかを学んでいったそうです。「学ぶのが好き」なのだそうです。自分が正しいと思っていても、自らの成長のために周囲の助言に耳を傾ける。マネ選手も優れた選手になるポイントである「傾聴力」を持っていたわけです。

マネ選手ほどの天才でも「自分より優れた選手はいた」と言います。

しかし、そうした選手も環境に適応できなかったり、意固地になって成長が止まったりしてしまう。マネ選手が言うように「心をオープン」にする姿勢が大切なのでしょう。

「考えすぎないこと」で必要以上のノイズを遮断するとともに、成長のために必要な助言には耳を傾ける。まさにリバウンド・メンタリティの持ち主といえるのではないでしょうか。

プロサッカー選手を目指すために

43 遊びの中で培われる発想力や運動能力には「習い事」にはない何かがある

ケーススタディ❺

アントワーヌ・グリーズマン
（フランス）
1991.3.21生/175cm

〈プロへの道すじ〉

UFマコン
↓
レアル・ソシエダ（ユース）
↓
レアル・ソシエダとプロ契約

8歳のとき地元のUFマコンでプレーを始めたアントワーヌ・グリーズマン選手は、**そこからステップアップを目指して何度も他クラブのトライアルを受けたのですが、ことごとく断られています。**9つのクラブで落選したという逸話もあります。

落選の理由は骨格が細く、体が華奢だったからでした。

プロサッカーの世界では、多くのスター選手が少年期に細くて背も低いために低評価しか受けられなかったという話はよく聞きます。

これは日本でもあることですが、ヨーロッパのほうが多いかもしれないのは、成長期の体格差が日本よりもヨーロッパのほうが顕著だからです。同じ14歳でも、大人と小学生くらい体格が違うということがあるのです。

そうなると同じカテゴリーでプレーさせること自体が危険に思えるのは無理もないかもしれません。

子どもの成長期は個人差があります。成長期を迎えれば目に見えて身長も伸びますし、体格も良くなります。その選手の才能を見出すことが大切です。グリーズマン選手も危うく見過ごされてしまうところでした。

グリーズマン選手の才能に気づいたのはフランスのクラブではなく、スペインのレアル・ソシエダでした。

実はモンペリエというフランスのクラブのトライアルに参加していたのですが、そのときの試合をたまたま見ていたレアル・ソシエダのスカウトがサン・セバスチャン（レアル・ソシエダの本拠地）でトライアルに参加しないかと勧誘したのです。

当初は1週間の予定でしたが2週間に延長され、**ユースチームとの契約**に至ります。グリーズマン選手が**17歳のとき**でした。

このときは他のクラブも獲得に関心を持っていたので、体格が小さいのでとても通用しないと見られる時期は過ぎていたのでしょう。テクニック、スピード、得点力を兼ね備えたグリーズマン選手ですが、それがはっきり表れるまでに少し時間がかかったわけです。**13歳のジュニアユース年代はプロになれるかどうかの分岐点ですが、成長の遅いタイプの場合は16歳や17歳まで見極めがつかないこともあるのです。**

◉投機ビジネス化しているヨーロッパの育成チーム

グリーズマン選手は、レアル・ソシエダのユースチームで4年間プレーした後、トップチームと契約します。そのときにはヨーロッパの強豪クラブからも注目される存在になっていました。アーセナル、マンチェスター・ユナイテッド、リヨンなどが獲得に動いていたようです。

自国ではなく、外国の育成チームからプロになるケースはいくつかあります。

ベルギー代表の中心選手であるエデン・アザール選手は、フランスのリールで育成されてプロ契約しています。ヨーロッパは地続きでEUという1つの経済圏がありますから、育成に定評のあるクラブには国外から選手が集まってくることも珍しくありません。

アフリカからも多くの選手が来ています。フランスのオセールというクラブには外国人用のユースチームがありましたし、パリ・サンジェルマンには南アフリカやブラジルから来ている選手もいました。

近年、ヨーロッパの育成はある意味でビジネス化しています。

まだ**獲得費用がかからないうちに伸びそうなユース年代の選手をスカウトし、プロ契約した後に移籍させて高額の移籍金を得る**というビジネスです。

トップチームの強化という目的よりも、育てて高く売る一種の投機ビジネスで、株式の売買と似ています。ですから、スカウトは世界中で目を光らせていますし、有望そうな選手にはユースの時点で獲得競争が起こっています。

日本ではまだそこまでの状況にはなっていません。

健全といえば健全ですが、競争の厳しさにはかなり落差があります。ヨーロッパではこの種のビジネスが成立するだけの市場の大きさがあり、大きなお金が動くということです。

そうなれば、選手間の競争もそれだけ激しくなります。**才能を大事に育てるというより、才能を集めて競争させる方式**といえるかもしれません。

その是非論はあると思いますが、才能を大事にするあまりにスポイルしてしまう現象は起きにくい面はあるのかもしれません。

プロサッカー選手を目指すために
44
才能を見出してくれる人との出会いが大事

ケーススタディ❻

キリアン・エムバペ

（フランス）

1998.12.20生/178cm

〈プロへの道すじ〉

ASボンディ

≫

INFクレール フォンテーヌ

≫

ASモナコ（ユース）

≫

ASモナコとプロ契約

現在パリ・サンジェルマンに所属するフランス代表のＦＷ、キリアン・エムバペ選手は、弱冠19歳でワールドカップ優勝を経験しました。

ロシアワールドカップではフランス代表の中心選手の1人として活躍しました。

そのテクニック、スピード、得点力から、フランス代表の先輩であるティエリ・アンリ選手の再来と騒がれ、世界王者になってからはペレ選手とも比較されています。

カメルーン人の父親がコーチをしていたボンディで6歳からプレーしていました。地元のクラブだったボンディからは、これまでも何人もプロ選手を輩出しています。母親は元ハンドボール選手というスポーツ一家に育ちました。

13歳のときにＩＮＦ（国立サッカー研究所）に入ります。このＩＮＦは日本でいえばＪＦ

Aアカデミーで、クラブチームではなくサッカー協会が主催する育成チームです。エリート選手の養成所といっていいでしょう。

これは、フランスが先駆けとなった育成方式ですが、現在はフランス方式を採り入れた日本だけでなく、ヨーロッパにはＩＮＦ方式の育成を行う国がいくつもあります。

エムバペ選手がプレーしたのはパリのクレールフォンテーヌという場所ですが、ここには代表チームの練習場や宿泊施設もあります。ＩＮＦの1期生にはティエリ・アンリ選手やニコラ・アネルカ選手がいました。

ＩＮＦは地域のクラブチームではないので、リーグに所属して公式戦を行うことはありません。トレーニングは平日に行い、週末は近隣のクラブチームに分散して試合をします。

エムバペ選手の場合は元の所属クラブがパリ近郊のボンディでしたから、ボンディの試合に出ていたようです。練習試合はＩＮＦのチームで行います。

◉「あらゆる面で別格」な選手がたどった過程とは

15歳のときにモナコのユースチームに移ります。

このころにはエムバペ選手は有名になっていて、レアル・マドリードやチェルシーの練習に参加していますし、マンチェスター・シティやリバプールも関心を示していました。その多くの選択肢の中からモナコを選んだわけです。

ユースに所属したまま、16歳11カ月でリーグ1のデビューを果たしていて、これはアンリ選手より早い最年少記録でした。その後もモナコのU－19でプレーしていましたが、2016年3月にトップとプロ契約を結びます。

2016－17シーズンの途中からレギュラーポジションを勝ちとり、UEFAチャンピオンズリーグのベスト4に進出する原動力となり、リーグ1でも優勝します。

2017－18シーズンはパリ・サンジェルマンへ移籍、ネイマール選手、エディンソン・カバーニ選手と強力な3トップを組みます。パリ・サンジェルマンでもリーグ1優勝を果たしました。

エムバペ選手のケースは例外中の例外といっていいでしょう。**6歳でプレーを始めた時点から、あらゆる面で別格だった**と当時のコーチが話しています。

クレールフォンテーヌはパリ郊外といっても森の中といった趣で、サッカーに集中できる非常に静かな環境です。世間から隔絶された環境に才能のある少年たちを集めて集中的にトレーニングを行っているわけです。

成長期で精神的に安定しない時期に、こうした環境で合宿生活を送ることに意味があるのかもしれません。

プロサッカー選手を目指すために

45 キャリア形成を考えてチームを選ぶ

おわりに――抜群の才能と強烈な意欲、この2つがプロ選手になる両輪

馬を水のある場所へ連れて行くことはできるが、水を飲ませることはできない――。

元日本代表監督の二宮寛《にのみやひろし》さんは、「だから、『私が育てた』という指導者は間違っていると思いますよ」とおっしゃっていました。

親や指導者が選手の成長のために環境を作ることはできても、実際に成長するかどうかは選手自身にかかっています。

逆に、ふさわしくない環境にあっても成長していく選手は少なからずいます。

「水を飲む」かどうかは選手次第ですが、**「水のある場所」に連れて行くのは親や指導者など周囲の人々**ということになるでしょうか。

日本の育成環境は、世界レベルから見たらベストではありません。なぜかといえば、サッ

カーの都合で考えられていないことが多々あるからです。

例えば、**成長期の選手はその人のレベルと身体的成長に合った環境でプレーする必要があります。**

ヨーロッパなら、1歳ごとないし2歳ごとにチームを編成します。能力の高い選手は飛び級で上の年齢カテゴリーでプレーしますが、普通は体格や体力に大差のない環境でプレーします。

日本の場合は中学1〜3年生、高校1〜3年生でチームを編成していますが、これはサッカーの都合ではなく学校の都合です。3歳刻みにする合理的な理由はサッカーの側にはありません。

この時期の3歳の年齢差は、体格や体力にかなり違いがあります。そのため、中学1年生や高校1年生の試合出場機会を奪ってしまい、成長を阻害してしまう恐れがあるのです。それを避けるため、同年齢か1歳差でチーム編成をする——これがサッカー側の論理です。

同じように真夏に全国大会が行われているのも学校の都合です。

とくに近年は夏の気温上昇がすさまじく、高校総体を夏季に行うのは無謀といっていいくらいです。これは野球の甲子園なども同様なのですが、高校生がまとまって休みをとれるのがこの時期なので、夏にやるしかないわけです。これも完全に学校の都合です。

日本のスポーツは学校の部活動として発展してきました。

もし学校のサッカー部が存在しなければ、サッカープレーヤーは一部のエリートと草サッカーに二分されていたでしょう。プロ選手の育成という面では不都合なこともある一方、これだけサッカーが普及したのは学校の部活動のおかげです。

サッカーにとっては不都合なことが存在している現状でも、その育成環境から優れた選手を輩出していますし、ロシアワールドカップでもベスト16に進出しています。

アジアの中での日本の育成環境は良いほうでしょう。現在の育成環境がサッカー的にベストではないというだけです。

将来、思い切った改革をしてベストな育成環境が整えられれば、日本代表は飛躍的に強化される可能性すらあるかもしれません。現場の方々の話を聞くかぎり、抜本的な改革が行われるのはかなり先になりそうですが……。

ただし、**多少の理不尽や不都合な環境であっても、選手は自分の力で伸びていくことができます**。やはり本人次第なのです。

逆にいえば、親や周囲がいくら一生懸命に環境を作ってあげても、本人にその気がなければそれまでの話です。馬の首根っこをつかんでも水を飲ませることはできないのです。

抜群の才能と強烈な意欲、この2つがプロ選手になる両輪といえるでしょう。

どんな仕事でもそうでしょうが、大きな才能に恵まれていれば他の人よりも楽に仕事ができます。

サッカー選手の場合、試合で良いプレーをすることは難しくないと思います。

しかし、プレー以外のストレスも大きなものがあります。サッカーの才能は、たんにうまくプレーできるだけの能力にすぎません。多くのスーパースターが人格的にも優れているといわれますが、もともとそうだったわけはありません。

最初はサッカーの能力だけが突出していたのですが、次第に周囲との関わりやストレスが増大する中で、人格者として対応することを強いられた結果でしょう。**否応なく社会性を身につけなければならない状況になっていく**のです。

選手としての才能は素晴らしかったのに、人格的に未熟だったり社会性を欠くために才能に見合った成功を収められなかった人はたくさんいます。

ペレのような大天才プレーヤーでも、お金をだまし取られたりしています。

サッカー選手として成功するには才能がまず必要ですが、実際にプロとしてうまくやっていくには社会性を身につけなければならない。人として成熟していかなければならない。

ですから、結局のところサッカーさえうまければいい、自分の子どもだけ勝ち抜いていけばいいということでは、プロになってから社会性の部分でつまずく可能性が大きくなってしまいます。

天才にサッカーを教える必要はほとんどありませんが、人として成熟していくこと、社会性を身につけなければならないのは、プロにならなくても必要ですし、プロになるなら、なおさら必須になってきます。

意欲と才能は本人の問題ですが、周囲の助けや導きが重要になる部分も確かにあるのです。

著者

西部謙司（にしべ　けんじ）
1962年、東京都生まれ。早稲田大学教育学部卒業後、会社員を経て、学研『ストライカー』の編集部勤務。95～98年にフランスのパリに住み、欧州サッカーを取材。2002年にフリーランスとなる。06年の『footballista』創刊時から「戦術リストランテ」を連載中で、同誌が主催する各種サッカーイベントにも多数出演している。趣味もサッカーで、シニアリーグで現役続行中。主な著書に『サッカー日本代表が「世界一」になるための５つの条件』『赤と青　ふたつのマンチェスター』『グアルディオラ主義』（以上、河出書房新社）、『戦術リストランテ』シリーズ（ソル・メディア）『サッカー戦術クロニクル』シリーズ、『技術解体新書（共著）』（以上、カンゼン）、『スローフット』『1974フットボールオデッセイ』（以上、双葉社）、『ゴールのあとの祭り』（ベースボール・マガジン社）など多数。

プロサッカー選手《せんしゅ》をめざす子《こ》どもの親《おや》が知《し》っておくべきこと

2018年12月20日　初版発行

著　者　西部謙司
発行者　吉田啓二

発行所　株式会社日本実業出版社　東京都新宿区市谷本村町３-29 〒162-0845
大阪市北区西天満６－８－１ 〒530-0047
編集部　☎03-3268-5651
営業部　☎03-3268-5161　振　替　00170-1-25349
https://www.njg.co.jp/

印　刷／村田工芸　　製　本／若林製本

この本の内容についてのお問合せは、書面かFAX（03－3268－0832）にてお願い致します。
落丁・乱丁本は、送料小社負担にて、お取り替え致します。

ISBN 978-4-534-05652-8　Printed in JAPAN